誰にも知られたくない
大人の心理図鑑

An Illustrated Guide to the Workings of the Mind

おもしろ心理学会［編］

青春出版社

「こころ」の仕組みを知れば、
どんな相手でも、
ひるまない！ 困らない！ もっと楽しめる！

　人間関係は、なにかと悩ましいものです。どれほど親しい間柄でも葛藤があったり、ときには修復不可能なほど関係が悪化したりすることもあるでしょう。
　なぜあの人は、あの時、そう言ったのか、どうしてそんな表情を見せたのか、と気にしてばかりいては疲れるだけだし、かといって、相手のことを一切考慮しないで、やりたいようにやる、というのではスムーズな人間関係を築くことはできません。
　ではどうしたらよいか。本書には、どんな相手でも「ひるまない」「困らない」「もっと楽しめる」関係をつくるための「心理学」の知見を満載しました。
　「こころ」のメカニズムを知っておくのは、いまや、大人の人間関係にとって、欠かせない必須知識。正しくおさえれば、気持ちのゆとりが断然違うのはもちろん、次にとるべき「心理戦略」もくっきり見えてくるはずです。
　たとえば、なぜ人はまわりと同じ行動をとってしまうかについては、「傍観者効果」で説明できます。また、「ホーンズ効果」を知れば、たったひとつの汚点や失敗がすべての評価を下げる原因になることがわかるようになります。ほかにも、人の発言、しぐさ、態度、行動、性格、感情などの仕組みについて、おさえておきたいポイントを網羅しました。
　これからの時代を生き抜くのに欠かせない「心理法則」を公開したこの本で、人間関係の無用なストレスから自由になれることを願っています。
　2017年11月

　　　　　　　　　　　　　　　　　　　おもしろ心理学会

誰にも知られたくない大人の心理図鑑●目次

そもそも心理学とは何だろうか？ ……………………………………… 13
そもそも心理学はどのように使うのか ………………………………… 14
心理学を活用するといろいろなことがわかる！ ……………………… 15
心理学の見取り図 ………………………………………………………… 16

Chapter 1
「こころ」が読めるかどうかで、人間関係は9割決まる …………… 17

相補性
補い合うものがあるとお互いに惹かれ合う理由 ……………………… 18

類似性の法則・熟知性の法則
自分と似ている相手に親しみを感じるワケ …………………………… 20

傍観者効果
なぜまわりと同じような行動をとってしまうのか …………………… 22

パーソナルスペース
相手との距離が心に与える影響力の謎 ………………………………… 24

群集心理
大勢の人の前ではふだんの自分ではいられない理由 ………………… 26

バランス理論
3人の間のバランスを保とうとする心の状態 ………………………… 28

目次

ミラーリング
親しい相手に口グセやしぐさが似るのはなぜ？ ……… 30

自己開示
自分の情報をオープンにすると相手との距離が縮む ……… 32

希少性の原理
「限定」といわれるとなぜ買いたくなるのか ……… 34

後光効果
ひとつの強いイメージですべてが決まる ……… 36

ホーンズ効果
ひとつの汚点がすべての評価を下げる？ ……… 38

単純接触効果
会う回数が増えるほど好感度が増してくる ……… 40

同調
意見が違う相手に合わせてしまうのはなぜ？ ……… 42

ラベリング理論
レッテルを貼られると人間の行動はどう変わるか ……… 44

対人認知
見た目や言動などから人となりを判断する ……… 46

認知のバイアス
自分に都合がいいように事実を捻じ曲げる深層心理 ……… 48

誰も教えてくれない心の読み方 [基本編] ……… 50

Column 1　夕べ見た夢について
夢からのメッセージを読み解く方法 ……… 60

Chapter 2
相手を操縦するのに、この「心理法則」は外せない ……………………… 61

初頭効果
「第一印象は6秒で決まる」説は本当か ……………………… 62

ピグマリオン効果
人は期待されるとその通りの成果を出す？ ……………………… 64

フット・イン・ザ・ドア・テクニック
相手の承諾から生まれる「慣性」を利用する ……………………… 66

ドア・イン・ザ・フェイス・テクニック
難題を拒否したあとに小さな依頼は断れない ……………………… 68

ランチョン・テクニック
食事をしながらの会議がうまくいくワケ ……………………… 70

同質の原理
聞く人に合わせた音楽はなぜいい気分にさせるのか ……………………… 72

端数効果
ちょうどいい数字より端数のほうが人を動かす ……………………… 74

ステレオタイプ
なぜあの人は極度に単一化したイメージを持ってしまうのか ……………………… 76

ツァイガルニク効果
途中で中断されると記憶に残る ……………………… 78

帰属のエラー
人の失敗には厳しく、自分の失敗には言い訳をする ……………………… 80

心理的リアクタンス
すでに得ている自由が奪われそうになると守りたくなる ……………………… 82

フレーミング効果
枠組みに当てはめる不合理な心理 ……………………… 84

他者への投影
他者の存在を借りて本音を聞き出す ……… 86

ヤマアラシのジレンマ
人間関係で傷つきたくないけど独りぼっちはイヤ ……… 88

誰も教えてくれない心の読み方 [応用編] ……… 90

Column 2　夕べ見た夢について
空飛ぶ夢、落ちる夢…には何が隠れている？ ……… 98

Chapter 3
「こころ」のメカニズム、これだけは知っておこう …… 99

深層心理
そもそも「深層心理」とは何のこと？ ……… 100

意識と無意識
本人も気づかない「意識」は三層構造だった！ ……… 102

錯誤行為
間違い、失敗に隠されている本音とは？ ……… 104

抑圧
嫌な記憶が心の中に残ってしまうメカニズム ……… 105

夢の自己分析
「夢」を自己分析すれば、自分がわかる！ ……… 106

ウソ
ウソをつくと、どうして「心が痛む」のか ……… 108

脳と心
そもそも脳と心はどんな関係にある？ ……………………… 110

五　感
「五感」って何？　「第六感」はあるの？ ……………………… 112

サブリミナル効果
おさえておきたい「感覚」と「知覚」のフシギ ……………… 114

記　憶
音や匂いから昔の記憶が突然よみがえるワケ ………………… 116

本能行動
生き物が持っている４つの「本能行動」の謎 ………………… 118

報酬効果
人間が「ハマってしまう」のには理由がある ………………… 120

欲　求
知ってるようで知らない「欲望」の仕組み …………………… 122

欲求不満
欲求不満をコントロールするちょっとした方法 ……………… 124

高次の欲求
人間の欲求は５段階のピラミッドになっている ……………… 125

シンクロニシティ
なぜ偶然の一致は起こるのか …………………………………… 126

反動形成
人は誰でも「防衛機制」を持っている ………………………… 128

選択的注意
自分にとって重要だと思う情報が入ってくる ………………… 130

コンプレックス
「コンプレックス」についての大きな誤解 …………………… 132

エス・自我・超自我
フロイトは「心」についてどう考えたのか …………………… 134

メタ認知
自分を客観的に認知する能力を持っている …………………………… 136

トラウマ
「心の傷」について知っておきたいこと …………………………… 138

解　離
自分が自分でなくなってしまう …………………………… 140

認知的不協和
ふつうの人がとんでもないことを… …………………………… 142

心的葛藤
〝生と死の衝動〟の間を動く心 …………………………… 144

情　動
理性を越えた行動に突き動かすものとは …………………………… 146

劣等コンプレックス
精神のバランスが崩れるとき …………………………… 148

今日から使える心理テクニック集めました [基本編] …………… 149

Chapter ❹
「性格」と「感情」を正しく読み解くにはコツがいる …………………………… 155

性　格
そもそも「性格」はどうやって決まるのか …………………………… 156

兄弟の性格
長男、長女、次男、次女…で性格はどう変わる？ …………………………… 158

性格と筆跡
その人の筆跡に思わず出てしまう〝心のクセ〟とは？ …………………………… 160

ライフサイクル理論
人は年をとると〝変わる〟というのは本当か ……………… 161

気　質
人は生まれて間もない頃から人格を持っている ……………… 162

キャラクターとパーソナリティ
本当の性格という時の「本当」って何？ ……………………… 164

内向型と外向型
「内向型」と「外向型」、２つの性格からわかること ………… 166

タイプＡ
病気になりやすい⁉「タイプＡ」ってどんなタイプ？ ……… 168

役　割
そもそも性格は変えられるのか ………………………………… 170

セルフ・ハンディキャッピング
試験前になるとなぜ掃除をしたくなるのか …………………… 172

情緒の発達
喜び、怒り、恐れ…感情についての気になる話 ……………… 174

コンフリクト
人はなぜ失敗や不満を正当化してしまうのか ………………… 176

モラトリアム
「子供扱いはイヤ、大人になるのもイヤ」の心理 …………… 178

ギャング・エイジ
親が手を焼くギャング・エイジは自立のサイン⁉ …………… 180

感情と行動
悲しいから泣くのか、泣くから悲しいのか …………………… 182

今日から使える心理テクニック集めました [応用編] ……… 183

Column 3 夕べ見た夢について
人はなぜ夢を見るのか──フロイトとユング ……………… 190

Chapter 5
「組織」と「集団」の心理から、次の一手が見通せる ……………… 191

集団心理
人の行動を縛っている〝見えない糸〟とは？ ……………… 192

社会的アイデンティティ
「集団の中の自分」を意識すると何が変わるか ……………… 194

心理的拘泥現象
みんなで決めると後戻りできなくなる理由 ……………… 196

集団エゴイズム
真実を歪める「集団エゴイズム」とは？ ……………… 197

集団間葛藤
複数のグループが成立するだけで葛藤が生じる ……………… 198

モチベーション
やる気を出させるには「平等」より「公平」が効く ……………… 200

適性の3側面モデル
適性があるかどうかを見るための3つの視点 ……………… 201

プロセス・ロス
1人の時より集団のほうが生産性が低下する ……………… 202

リンゲルマン現象
たくさんの人で取り組むのは効率が悪い!? ……………… 204

割れ窓現象
小さな悪を放置するとモラルが低下する ……………… 205

`2方向の分業`
「水平」と「垂直」が組織を効率よく動かす ……………………… 206

`ブブカの原理`
組織の中での自分の「実力」の見せ方、隠し方 ………………… 208

`絶対評価と相対評価`
伸びる組織の人物評価はどこが違うか ……………………………… 209

`中年クライシス`
40歳は心の転機というのは本当か ………………………………… 210

`一貫性の原理`
一度決めたらなかなか変えられないのはなぜ？ ………………… 212

`準拠集団`
なぜ周囲から影響を受けてしまうのか ……………………………… 214

`集団思考`
集団の中で自然に芽生える思考様式とは？ ……………………… 216

`集団極性化`
集団は行動や考え方にまで影響を与える ………………………… 218

この心理の技法がアタマひとつ抜け出す決め手 …………… 220

カバー・本文イラスト　勝山英幸
本文写真提供　Blablo101／shutterstock.com
ＤＴＰ　ハッシィ
制作　新井イッセー事務所

そもそも
心理学とは何だろうか？

■ **自分の目には見えない「心」を探る**

　人間にとって大切なもののひとつなのに、「心」は誰一人として、自分の目で確認することができない。だが、集団や個人の心の動きやそれにともなう行動は、社会や一人ひとりの人生にも大きな影響を及ぼす。
　生物、とりわけ人間の心のはたらきや行動を研究するのが心理学だ。実験的手法によって、人間の心理を解き明かそうという実証的な「科学」である。
　私たちは長い人生の中で、さまざまな感情を持ち、さまざまな立場や境遇を経験する。心はそのたびに揺れ、自分でもわからないほど複雑な〝回路〟をたどったりする。つまり、心理学を学ぶことは、人間の奥深さを探求することでもあるのだ。

そもそも心理学は
どのように使うのか

■ 社会における心理学の役割

　心理学を学ぶと、エスパーのように相手の心を自由に操れると勘違いしがちだが、人の心はそれほど単純ではない。
　では、その心理学の使い道はいったいどこにあるのかといえば、やはり、私たちが営む社会生活の中にある。
　この学問では、人間行動の傾向を予測したり、その要因を解明する。
　このような心理学的な見方をあてはめることで、社会のルールや人間関係のありようを新たな視点でとらえ直すことができるのだ。
　人間への理解なくして、よりよい社会生活は成り立たない。心理学はその舵取りに必要不可欠な存在なのである。

心理学を活用すると
いろいろなことがわかる！

自分のことを深く知ることができる

ふと寂しくなったり、急に不安が襲ってくる。こうした説明のつかない感情の変化には、必ず心の中に原因となるヒントが隠されている。心理学を学ぶと、自分でも気づかなかった心の変化を科学的に導き出すことができる。

他人との関係をより良いものにできる

言葉と態度が裏腹だったり、何を考えているかわからない人はよくいる。しかし、表情やしぐさを観察すれば、そこに相手の心理は表れている。そうすれば、相手の心も読めるようになり、より良い関係を築くことができる。

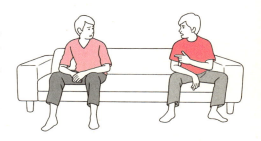

世の中を新たな視点で見ることができる

心理学的なものの見方や考え方を身につけることで、他人に対する理解が深まる。また、自分の行動をコントロールすることができるようになり、今までにない新たな視点で社会や物ごとを見ることができる。

心理学の見取り図

現在

基礎

社会心理学
他者とのかかわりにおける心理的影響を主に研究。人間関係が多様化する現代社会の問題解決の一助になり得る。

発達心理学
人間が生涯にわたって発達することを前提に、その成長や発達の中身を心的に分析する心理学。段階に分けて研究することもある。

認知心理学
知覚、記憶、言語、思考など、人間の情報処理のしくみについて学ぶ心理学。知覚や感覚とかかわりが深い、今注目の分野でもある。
…など

応用

臨床心理学
心の悩みや問題を抱えている人を手助けするための心理学。カウンセリングなどはそれを実践している職業のひとつでもある。

教育心理学
教育過程における心の動きを知る心理学。学校教育の時期だけでなく、生涯にわたって身につける思考力や価値観を研究する。

犯罪心理学
犯罪行為をする人間の心のはたらきを探る心理学。ここで解明された行動傾向や心理傾向は、犯罪防止や抑止に役立てられる。
…など

これから

政治・経済 文化
変化のスピードが速い現代社会では、個人の行動が大勢に影響を及ぼす確率は高い。政治・経済の動向や新たな文化の構築まで、今まで以上に人間行動の予測が必要になるだろう。

情報 人工知能
認知心理学の領域と重なる人工知能は、すでに開発が進んでいる。情報処理だけでなく、介護ロボットなど福祉関係にもかかわりがあり、裾野が広がる可能性もありそうだ。

生命・医療
心と脳は密接な関係にある。心のメカニズムを解明することで、記憶や学習といった脳内の生理的メカニズムを解き明かし、医療分野への貢献の期待が高まっている。

Chapter 1

「こころ」が読めるかどうかで、
人間関係は9割決まる

補い合うものがあるとお互いに惹かれ合う理由

■ 関心を持ち続けることが良好な関係を築く

　他の人と一緒に何かをする時、相性の良さは大切だ。相性というと、ふつうは自分と共通点の多い人をイメージするが、実際には、自分とは正反対の人に惹かれてしまったりする。
　これは心理学では「相補性」と呼ばれるもので、お互いを補い合う関係を意味する。
　たとえば、何事にもきっちりしないと気が済まない几帳面な性格なのに、何をするにもいい加減で大雑把な人と妙にウマが合ったりするが、こんなケースはけっしてめずらしくない。
　というのも、相補性は相手への関心を持続させるからだ。
　漫才のボケとツッコミではないが、性格的に凸凹の関係は、対立しているようで、じつはギブ・アンド・テイクの安定した関係にある。
　自分に足りない、あるいは持っていない部分が魅力的に映るため、いつまでも良好な関係でいられるというわけだ。

「こころ」が読めるかどうかで、人間関係は9割決まる

●相補性でかみ合う理想のカップルとは？

　アメリカの心理学者ウィンチは、25組の夫婦に面接調査を行った結果、関係が良好な夫婦は次の2つの相補性のパターンに分類されるとしている。
　それは、①世話好きと受容（甘えたがり）、②支配的と服従的である。
　男女がどちらの立場かにもよるので、組み合わせは4通りある。「支配的と服従的」パターンにあたる、亭主関白やかかあ天下とそれに黙ってついていくパートナーなどは、何だかんだ言ってうまくいく相補性の典型なのかもしれない。

類似性の法則・熟知性の法則
自分と似ている相手に親しみを感じるワケ

やはり"類は友を呼ぶ"

人は共通点のある相手に対して強い親しみを感じる

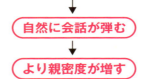

■ 知らない人との関係構築にてきめん

「類は友を呼ぶ」という通り、出身地が同じだったり好みが似ている人とは仲良くなりやすい。

これは「類似性の法則」がはたらくからである。

よく知らない相手との会話では共通の話題が見つからず、お互いにどうしても当たり障りのないことしか言えないものだ。

ところが、何かのはずみで同郷だったり、同じ趣味を持っていたりするなどの共通項を発見した途端、心の距離が縮まる。それまでのよそよそしさは一変し「そうだったんですか！」「気が合いますね」などと、一気に親しみを感じるようになるのである。

こうなると、ビジネス上のつき合いだけだった人とも、プライベートで飲みに行くほどの間柄に発展することもあり得る。

類似性の法則は、人間関係を築くうえでとっかかりになるものなのだ。

「こころ」が読めるかどうかで、人間関係は9割決まる

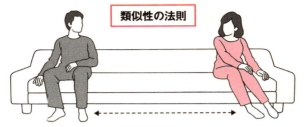

共通点があることがわかると、心の距離は縮まっていく

── さらに ──

よく知っている人ほど優しくなれる
「ザイアンスの熟知性の法則」
＝

会えば会うほど好きになる

↕

よく知らない人には冷淡になる

●ザイアンスの「熟知性の法則」とは…

　アメリカの心理学者ロバート・ザイアンスが提唱したのは、人は知らない人には冷たく攻撃的に出るが、会う機会が多い相手ほど好きになるという法則である。最初は警戒していても、何度か接触することで興味が湧いてくる。そして、中身を知れば知るほど相手に対して好感度が上がってくるのだ。

●男女関係は「類似性」→「相補性」が好ましい

　異性とつき合う時、趣味や食の好みなど、お互いの似たところに共感して関係がスタートすることは多い。
　だが、似た者同士というだけでは長続きしない。良い関係を保つには、お互いに不足している部分を補い合う「相補性」がポイントになってくる（P.18）。
　たとえば、ずぼらな夫と几帳面な妻とか、社交的な夫と家にいるのが好きな妻とか、はた目には合いそうもない夫婦が意外とうまくいっているのは、お互いの足りない部分を補い合うことで信頼感を得るからなのだ。

傍観者効果
なぜまわりと同じような行動をとってしまうのか

人の中にいるとはたらく心理

人から否定的に評価されたくない

目立ちたがり屋だと思われたくない

■異端になることを避ける人間心理

　日本人はよく協調性があるといわれるが、自分だけ変わったやり方をしたり、先陣をきって意見を述べたりすると、周囲から浮いてしまうのではないかと不安になるのもその一因かもしれない。
　そのほかにも、ここには他人から否定されたくないという願望が潜んでいる。
　他人の評価などいっさい気にならないという達観した人もいるだろうが、たいていの人は「少しでもいい人に見られたい」との心理が心のどこかではたらくはずだ。
　変に目立って出しゃばりだと思われては評判を落とすかもしれない。しかし少なくとも、みんなと同じ行動をしていれば自分だけが浮きあがることはない。ネガティブではあるが、誰の心にも潜んでいる心理だ。

「こころ」が読めるかどうかで、人間関係は9割決まる

傍観者効果は傍観者が多いほど強くはたらく

通行人が5人なら

手を貸してもらえる確率 30%

通行人が1人なら

手を貸してもらえる確率 85%

― ただし… ―
「傍観者効果」という心理を知った人は、見て見ぬふりを
しなくなる傾向がある

●誰もが傍観者になりえる

　悪評を避けたいという心理は専門用語で「評価懸念」という。これに、「責任の分散」と「多数の無知」を加えたのが「傍観者効果」という心理的効果だ。
　たとえば、誰か見知らぬ人が倒れている時、多くの人がいるのだから自分は助けなくてもいいだろうと考えたりする。これが責任の分散だ。
　そして、自分は目立ちたくないが（評価懸念）、他の人も助けないということはたいしたことはないのかもしれない、と考えることが多数の無知である。
　時々、事故や犯罪に巻き込まれようとしている被害者を誰ひとりとして助けようとせずに見殺しにするという痛ましい事件が起こることがあるが、それはまさにこれらが組み合わさった大衆心理がはたらくからなのだ。

パーソナルスペース
相手との距離が心に与える影響力の謎

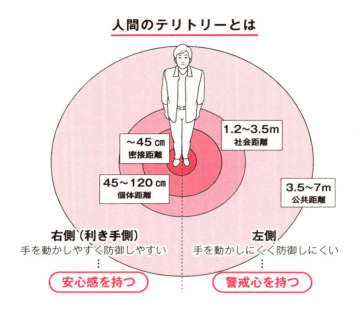

■ どんな人にもある縄張り意識

　ガラガラの電車で座席に腰かけていたとしよう。
　この貸し切りのような状態で、後から乗ってきた人がわざわざ自分の隣に座ったらどう思うだろうか。ほとんどの人が、ほぼ間違いなく不愉快に感じるはずである。
　人には自分のテリトリーともいうべき「パーソナルスペース」（個人空間）がある。対人関係における暗黙の了解ともいえるもので、誰もが周囲と適度な距離を保ちながら社会生活を営んでいる。
　この時、心の中では縄張り意識の心理がはたらいており、相手によって許容できる距離も変わってくる。当然、親しい人ほど密着することを受け入れ、知らない人ほど侵入を嫌う。
　そこで生じる不快感は自分の領域を侵されたくないという防衛本能からくるものだ。その〝結界〟を超えて誰かが侵入してきた場合、人は大きなストレスを受けるのである。

ビジネスパーソンの「パーソナルスペース」

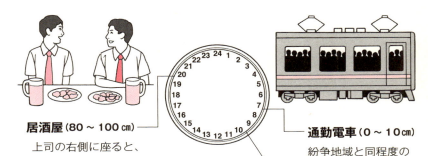

居酒屋（80〜100cm）
上司の右側に座ると、相手に安心感を与える

通勤電車（0〜10cm）
紛争地域と同程度のストレス

「4つのパーソナルスペース」

①密接距離（0〜45cm）
親子や恋人など、ごく親しい人に許される空間

②個体距離（45〜120cm）
相手に触れることができ、表情が読み取れる空間

③社会距離（1.2〜3.5m）
手は届きづらいが、声が届き会話しやすい空間

④公共距離（3.5〜7m）
講演者と聴衆の関係のように、複数の人を見渡せる空間

会社の中（120cm〜）

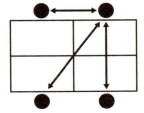

社会距離を保てばストレスは感じない

●パーソナルスペースが広い日本人

パーソナルスペースの原理を提唱したのはアメリカの心理学者エドワード・ホールだが、それによれば、相手との関係と距離は「密接距離」「個体距離」「社会距離」「公共距離」の4つに分類される。

家族と暮らす自宅から毎日、満員電車で通勤しているビジネスパーソンは、1日のうちにこれらすべての距離感を体感しているといえるだろう。

ちなみにこの距離感は、国や男女、置かれている状況によっても変わり、一般に、日本人は欧米人よりもパーソナルスペースが広いといわれている。

大勢の人の前ではふだんの自分ではいられない理由

群集心理（同調行動）
群集の中にいると一人ひとりが無責任になり、一線を踏み越えてしまう

■ 集団行動へと誘因され、感染する理由

　アメリカの心理学者スタンレー・ミルグラムは街頭に〝サクラ〟を何人か立たせ、何もないビルの上をずっと見上げるように指示した。

　すると、通りがかった人の8割以上は歩きながらその方向を確認し、そのうちの4割はわざわざ足を止めて見上げていたという。

　共通の目的がある仲間を集団と呼ぶのに対し、偶然そこに集まった人たちのことを「群衆」と呼ぶが、この実験は「同調現象」と呼ばれる群集心理のはたらきを示している。

　ふだんは冷静沈着なタイプでも、野次馬が群がっていればなんとなく惹きつけられてしまうように、個人が集団行動へと誘引され行動は感染する。

　これがエスカレートすると、悪いことでも簡単に同調して一種のヒステリー状態に陥ることもある。非常事に自分を見失いやすいのは、こうした群集心理によるものなのだ。

「こころ」が読めるかどうかで、人間関係は9割決まる

群集心理はこうして生まれる

ブログの炎上

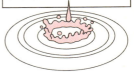
偏見、憎しみ、差別、先入観、恐怖、排他…

多くの人々の共通の価値観になる

不特定多数の人に連帯感が生まれる

集団ヒステリー

略奪行為

ホロコースト

集団リンチ

魔女狩り

●現代も続く魔女狩りの恐怖

　ヨーロッパで魔女狩りの嵐が吹き荒れたのは15〜17世紀のことである。発端は一部の聖職者たちの腐敗に反発した人たちに対する異端審問で、悪魔と契約を結んだ者を魔女とみなし、次々と罪のない人が拷問にかけられたのだ。
　これは歴史において最も有名な集団ヒステリーの例だが、魔女狩りは形を変えて現代にも残っている。「偏見」や「差別」から始まる負の価値観は、じわじわと群衆に伝染し、気づけば妙な連帯感を生むのだ。
　魔女狩りもそうだが、自分に火の粉がかからないように誰かをスケープゴートにしようとする無責任な心理も含まれるだろう。
　とりわけ社会が不安定な時は発生しやすく、誰もが無意識のうちに加害者になる可能性があるというわけだ。

バランス理論
３人の間のバランスを保とうとする心の状態

三者の関係の良し悪しはバランスによって左右する

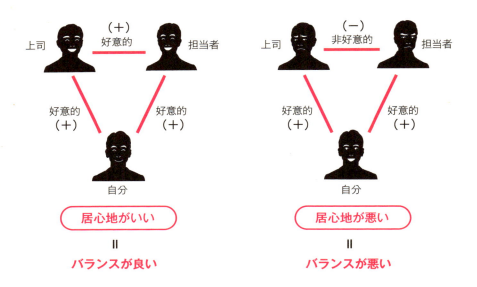

■ 人はつじつまがあっている状態を好む

　人は心の内にある「好き」「嫌い」という感情と態度のつじつまが合うことを求めているが、好き嫌いというのは他者からの影響で案外簡単に変わる。その心理状態を簡単なモデルで表したのが、アメリカの心理学者ハイダーが提唱した「バランス理論」だ。

　バランス理論は自分（P）が対象（X）に対して持つ感情や態度は、他者（O）との関係によって変わることを表している。

　たとえば、自分が尊敬している上司が「A社の担当者はいい人だ」といえば担当者のことを好意的に感じ、三者ともプラスの感情を持っているのでバランスがいい状態になる。

　だが、上司が「A社の担当者はイヤなヤツだ」と言うものの、自分は担当者に好感を持っているとバランスは崩れる。この場合、尊敬する上司と態度を共にすることでバランスと保とうとする。

　態度がコロコロと変わる人は、他者の影響を受けてバランスを整えようとしているのかもしれないのだ。

ハイダーのバランス理論（P‐O‐Xモデル）

好意的な関係を（＋）、非好意的な関係を（－）で表し、それらをかけ合せた時に（＋）になればバランスが良く、（－）になればバランスが悪い

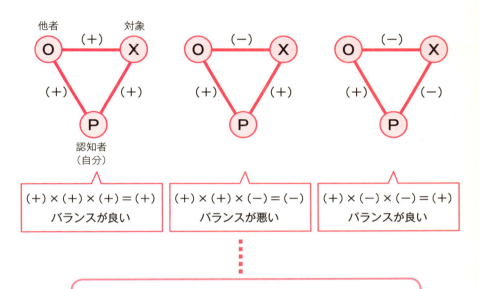

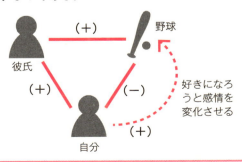

バランスの悪さを解消するために、認知者はXやOを嫌いになるなど、感情を変化させることもある。

たとえば、自分は野球が好きではない（－）が彼氏が野球好き（＋）で、２人の関係が良好（＋）な場合は、（＋）（－）をかけ合せると（－）になり、バランスが悪くなる。

そこで、認知者自らが野球を好きになることでバランスを取ろうとするのである。

ミラーリング
親しい相手に口グセやしぐさが似るのはなぜ？

仲のいいカップルは同じタイミングで同じ動作をする

■ 好意を寄せていると無意識にまねる

　仲のいい夫婦や友人同士は、長年一緒にいることでしだいに動作やしぐさが似てくるといわれる。これは、無意識にお互いの動作やクセをまねているせいでもある。

　まるで鏡映しのようなこの現象を「ミラーリング」といい、お互いに好意を寄せていれば自然とこのようなことが起こるのである。

　また、まねるというのは好意の気持ちを表す方法のひとつである。人気アーティストの服装や生き方に影響されて、それを模倣したりするのもやはり好意の表現だ。

　そして、まねをされたほうは自分と同じような動作やしぐさ、考え方をする人を自分の仲間であると認識する。それによってますます親密性が増していくのだ。

ミラーリング＝まねる、模倣する

自分の動作やしぐさ、口グセなどをまねる人は、「自分と似た人＝仲間や味方」と認識する

親密性が増す

「あくびがうつる」のも親密さの証

1人があくびをしたら、他の人にも移ったりすることがあるが、これもミラーリングのひとつといわれる。親密であるほど移りやすく、ペットと飼い主の間でも起こりうる

●左右対称は異性にも安心感を与える

　動物行動学の世界では、80〜90年代に「シンメトリーな個体ほどモテる」という仮説に基づいて昆虫や鳥を対象に検証が行われた。その結果、メスは左右対称のオスを好むことがわかったという。
　自然界で体が左右対称であるということは、環境からのストレスに強く、免疫力が高いことを表すと考えられる。つまり子孫存続の観点から、自然界ではシンメトリーな個体に人気が集まるのだ。
　これは人間にも当てはまることで、左右対称でバランスのとれた安定感のあるものに人は無意識に好感を持つ。特に対称性の高い男性は女性に人気があるといわれる。片足に体重をかけたり頬杖をついたりせず、姿勢正しく体をまっすぐに保つことを意識するだけでも、好感度を上げることができるのである。

自分の情報をオープンにすると相手との距離が縮む

突然、親しみがわいてくることがある

■ 自分をさらけ出すとコミュニケーションが深まる

　それまで知り合い程度のつき合いだった人と、互いの出身地や家族などの話で盛り上がり、急速に親密な関係になったことはないだろうか。
　このように自分のプライベートな話や気持ちを相手に示すことを「自己開示」という。お互いに等しく自分をさらけ出すとコミュニケーションが深まり、親密さが増すのである。
　この自己開示は互いに等しくというところがポイントであり、一方が自分の話や考え方を示しても、相手がほとんど自分のことを語らなければ親しくなることはない。
　しかし、多くの人は他人から何かしてもらうと"お返し"をしたいという気持ちが働き、多くの人は「私も…」と自然と自分について話し出す。
　この「返報性の法則」によって自己開示が促され、お互いの理解を深めることになるのである。

相手との距離が縮むのは「返報性の法則」のせい

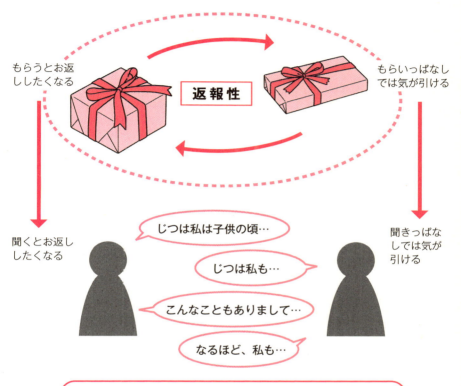

お互いに自己開示することで相手との距離が深まる

●自己像を変えることができる「自己呈示」

　就職の面接などでは積極的に明るくふるまい、友人といる時は冗談を連発して面白い部分をアピールする――。このように相手に合わせて自分の中にある側面を差し出して見せることを「自己呈示」という。
　ふだんはおとなしい人の中にも情熱的な部分があったり、暗そうに見える人の中にも明るい部分があるなど、人は内面にさまざまな要素を秘めている。
　そのような、自分が本来の自分ではないと思っている部分を表に出すと、「自分は外向的だ」などと自己像を変えることができるという。自分を変えたい時には、他人に対してふだんの自分とは違う自分を呈示してみるといい。

> 希少性の原理
「限定」といわれるとなぜ買いたくなるのか

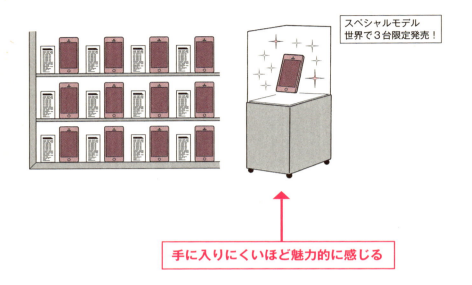

手に入りにくいほど魅力的に感じる

■ 入手困難だと思うだけで価値は変わる

　残りが少ないことがわかると急に欲しくなる、「ここだけの話」と言われると無性に聞きたくなり、さらにはその商品や情報にすごく価値があるように思えてくる。——このような心の働きのことを「希少性の原理」という。

　この原理を立証するために、社会心理学者のウォーチェルが行った有名な実験がある。10枚のクッキーが入ったビンと2枚のクッキーが入ったビンを用意して、どちらのクッキーのほうがおいしいかを実験の参加者にたずねたのだ。

　すると、中身のクッキーは同じものであったにもかかわらず、2枚しか入っていないほうのクッキーがおいしいと答えた人が多かった。

　また、あらかじめ10枚入りのクッキーのビンを見せておいてから、2枚入りのビンに差し替えて渡すと、入手困難なものを手に入れたという思いから、よりクッキーに価値を感じたという。

　希少になっているという思い込みだけで、モノの価値はガラリと変わってしまうのである。

ウォーチェルの実験

同じクッキーを10枚入れたビンと2枚入れたビンを用意し、2つのグループに分けた被験者にクッキーを評価してもらう

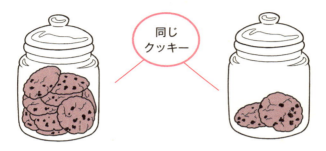

10個入りのビンのクッキーを食べた被験者のグループ

ふつう　まあまあ　いいね！

2個入りのビンのクッキーを食べた被験者のグループ

いいね！　いいね！　おいしい！

残り少ないクッキーを食べたグループのほうが好意的な評価をした

●希少性は暴動をも引き起こす

暴動や革命の引き金になるのも希少性の原理によるものだといわれる。

たとえば、苦しい生活を余儀なくされてきた民衆が、少しずつ暮らしに幸せを感じることができてきた時に、政治の力によってその幸せが奪われることになると反発心に一気に火がつく。

これは、自分たちが手に入れた幸せが希少であるという意識が芽生え、手放すともう手に入らないかもしれないという心理がはたらくからだ。

それまで当たり前だと思っていたものに希少性を感じると、突然価値が変わってしまうのである。

他の鉱物に比べ、埋蔵量が少ない金の価値が高いのも「希少性の原理」によるものである

後光効果
ひとつの強いイメージですべてが決まる

同じくらいの容姿、学歴、仕事でも…

右から2番目の人の
おじいさんは元首相

という情報ひとつで、
その人物のすべてが
優れていると見なす

＝

ハロー（後光）効果

■ 傑出した長所ひとつで見方が変わる

それまで自分と同じようなふつうの人間だと思っていた相手が、じつは海外の超難関大卒だったり、親が著名人だということを知り、その瞬間から「すごい人」になってしまうということがある。

このような、他人の傑出した長所を認識した時に起こるのが「後光効果」である。

後光というのは、菩薩などの体の後ろから発する光のことだが、それが転じて何か一点で高評価を得ると、すべての点が底上げされて評価されるようになることをいう。

テレビに登場するコメンテーターや学者などに対してもいえることで、その人のプロフィールが輝かしいものであればあるほど、「あの人が言うのだから…」と正当な意見として手放しで受け入れられたりする。

後光が輝いていると、「あばたもえくぼ」になってしまうのである。

2つのハロー効果

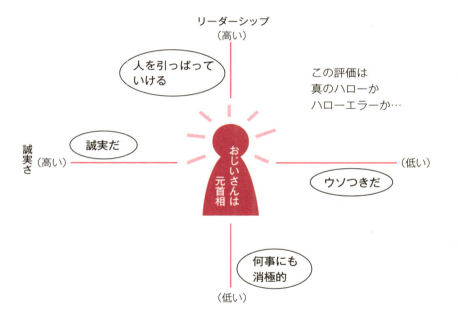

●マーケティングに見る後光効果

多くの商品の広告には、人気俳優や好感度の高いスポーツ選手などが起用される。これは、その人物の持つイメージを利用した後光効果のひとつだ。

たとえば、高級車のCMにハリウッドセレブが出ていれば、ハイクラス感と同時にかっこよさが訴えられるし、洗濯洗剤ならさわやかさがウリのモデルを使うことにより清潔感を印象づけることができるというわけだ。

同じように、広告に「○○氏絶賛！」などと書いてあるのも、「あの人がいいと言うなら…」とつい手に取ってしまう消費者心理を突いている。

ホーンズ効果
ひとつの汚点がすべての評価を下げる？

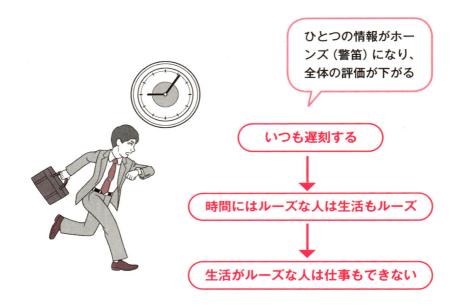

ひとつの情報がホーンズ（警笛）になり、全体の評価が下がる

いつも遅刻する
↓
時間にはルーズな人は生活もルーズ
↓
生活がルーズな人は仕事もできない

■ 悪い印象がなかなか払しょくされないわけ

「坊主憎けりゃ袈裟まで憎い」というのは、何かひとつ憎いことがあると、その人の何から何まで否定的に見てしまうということわざだが、「ホーンズ効果」もそれに似ている。

たとえば、その職場にふさわしくない奇抜な格好をしていると変わり者と見なされ、どんなに頑張ってもまともに仕事ができない人という目で見られたり、また、初対面でいい加減な挨拶をすればその後の行動もすべて礼儀がなってないと決めつけられてしまったりする。

ホーンズとは警告のことで、「この人はキケンだ」と印象づける言動を見ると警告のようなものが発せられ、それがのちのちの人間関係にも影響していくということだ。

一度悪い印象を与えてしまうと、それを払しょくするのはかなり難しいということである。

ホーンズ効果は人の判断を惑わせる

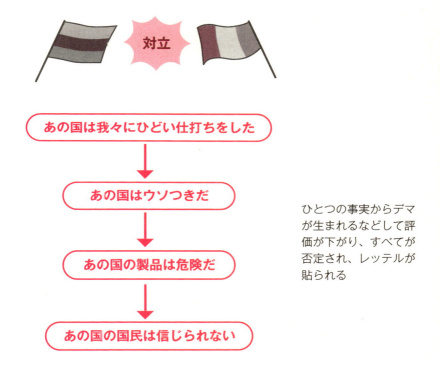

ひとつの事実からデマが生まれるなどして評価が下がり、すべてが否定され、レッテルが貼られる

●「共産主義は悪」から拡大した憎しみ

　東西冷戦の時代、多くのアメリカ人は当時のソ連のことを「ウソつき」や「詐欺師」などと言っては非難していた。
　キリスト教国のアメリカにとって「神を否定する共産主義は悪」と認識され、それがホーンズ効果を生み出したのだ。だから、ソ連のやることはすべて否定され、人々の間にはますます憎しみが広がっていったのである。
　そんな憎悪の連鎖を断ち切るために、当時のアメリカ大統領だったケネディは、「共産主義は忌まわしいが、宇宙産業や工業を発展させたソ連国民の業績は称えることができる」とスピーチした。ひとつの点が悪いからといってすべてを悪く見るのはやめようという提案だったのだ。

単純接触効果
会う回数が増えるほど好感度が増してくる

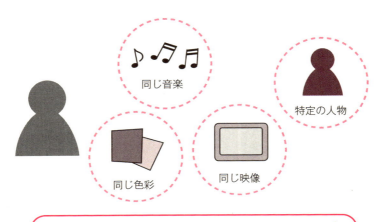

同じ刺激に何度も触れるほど、好きになっていく

＝

単純接触効果

■ ただ見る回数が多いだけで好きになる

　同じ広告を何度も見ているうちに、その商品や使われている音楽がいいものに思えてきたり、毎日のように仕事で顔を合わせている人がしだいに気になる存在になったりすることはめずらしいことではない。

　これは、「単純接触効果」で説明することができる。アメリカの心理学者であるザイアンス（P.21参照）は、卒業生の写真数枚をそれぞれ提示する回数を変えて学生に見せ、どの写真の人物に好感を持ったかを調査したところ、一番多く見た写真の人物を挙げた学生が最も多かったのだ。

　つまり、対象がモノであれ人であれ、人は接触する回数が多くなるとその対象に対する好意が増していくのである。

　ただし、これは接触する人やモノに対してもともと好意的に思っているか、特に何とも感じていない場合に限る。

　少しでも嫌な印象を持っていれば、見れば見るほど、会えば会うほどますます嫌いになってしまうという逆効果を生み出してしまうのだ。

実画像と鏡画像

　ある女子大学生の写真を2枚用意し、本人や友人、恋人にどちらの写真が好ましく感じるかを聞いた。2枚の写真のうち1枚はふつうに撮影したもの、もう1枚は鏡画像になっている

〈実画像〉　　　　　　　　〈鏡画像〉

こちらのほうが好ましい　——　友人や恋人

こちらのほうが好ましい　——　本人

本人は、自分の顔を鏡に映してみることが多い。そのため、見慣れているほうの自分の顔を好ましく感じる

●物理的な近さと親しさの関係

　いつも顔を合わせているうちに仲良くなった人同士の関係はその後、どのように変化していくのだろうか。
　アメリカのある大学寮で行われた調査では、寮の部屋が隣同士だったり、同じ階段を使う部屋の位置関係にあった学生は、卒業後も長年にわたって親しい友人関係が続いたという。
　これは、何度も会ううちに親しくなって、さらに同じ情報を共有したり、ともにさまざまな経験を重ねていったからだと考えられる。物理的な近さと親しさは比例するのである。

同調
意見が違う相手に合わせてしまうのはなぜ？

（本当は違うと思うけど…）

（満場一致で決定しました！）

間違った意見でも、集団全員が賛成すると従ってしまう

＝

同 調

■ 個人主義のアメリカ人も同調する

　和を重んじる日本人は、自分の意見よりも周囲の意見を重んじるといわれるが、それはけっして日本人だけの特徴ではないようだ。

　アメリカの大学で行われた同調に関するアッシュの実験では、明らかに自分の答えのほうが正しいと思いつつも、3分の1の人が多数派の意見に従うという結果になった。個人主義だといわれるアメリカ人でも、会社やサークル、チームなどの集団に属していると自分の信念を曲げてでも多数派に同調する人は少なくないのだ。

　これには、多数の人の判断は正解に近いのではないかという「情報的影響」と、周りと異なる行動をとって和を乱したりせずに集団の一致を得ようという「規範的影響」がはたらいているという。

　もちろん、変わり者だと拒絶されたくないという思いも影響しており、同調する心理は国を問わず共通であることがわかる。

アッシュによる実験

実験の参加者（1名は被験者で、残りは協力者（サクラ））にAを見せた後にBを見せ、同じ長さの線はどれかとたずねる

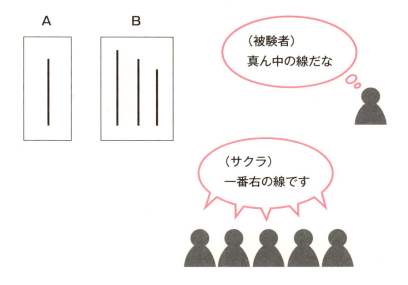

明らかに違っている答えなのにもかかわらず、サクラの意見が全員一致すると間違った意見に従ってしまいやすいことがわかった

アッシュの実験からわかったこと

・「答えはひとつしかない」という単純なことほど、自分の正しさを合理的に説明するのが難しく感じる

・自分の反対意見は、この集団にとって不可解だろうと考えてしまう

・1人だけ反対意見を主張することで、集団からどう思われるか不安になり、同調への強い圧力を感じる

ラベリング理論
レッテルを貼られると人間の行動はどう変わるか

もともと人格的に問題があるから悪い行いをするのか

「あいつは悪い人間だ」と言われるから、悪い行動を取るのか

＝

ラベリング理論

■ ラベリングされることで常態化する

「あの人は東大出身だから優秀だ」とか「彼女は高級住宅街に住んでいるからお嬢様だ」など、人間は良くも悪くも他人にレッテルを貼りたがるものだ。このレッテルを貼るということが、心理学でいうラベリングである。

しかし、何気なく貼ったラベルが、その人の人生をも変えてしまうこともある。人はラベリングされると、無意識のうちにそのラベルにふさわしい考え方や行動をするようになるからだ。

「女の子だから、女の子らしく」というのもラベリングのひとつだが、"女の子" というラベルを貼られると、やはり自然とそれを意識した思考や行動になっていくのだ。

同じように、いたずらが過ぎる子供に「おまえは悪い子だ」と言い続けていれば、"悪い子" としてふるまうようになる。

ひとつの側面だけを見て、それがその人の人格だと決めつけてしまうことはとても危険なことなのだ。

社会的ルールがあるから逸脱者が生まれる

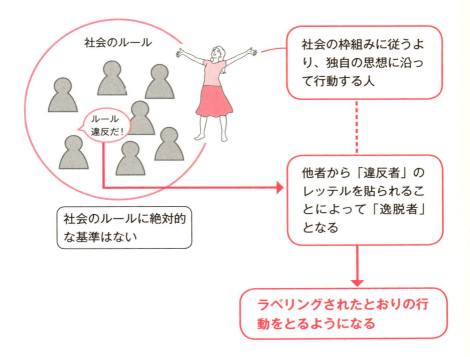

●犯罪者の転落はラベリングで加速する

　万引き、クスリ、隠し撮り…つい出来心で犯罪に手を染めてしまい、それをきっかけに人生を転げ落ちていく人は多い。
　転落するのはもちろん本人の資質も原因のひとつかもしれないが、立ち直りを阻んでいるのは世間から貼られた"犯罪者"のラベルによるところも大きいと考えられる。
　いったん犯罪者とラベリングされると、それがいつまでもつきまとい、何をやっても犯罪者というフィルターを通して見られるようになるからだ。
　特にインターネットの中の情報は半永久的に消えることがないので、人々の事件への関心が薄れ始めた頃に、誰かが過去を掘り起こして拡散したりすることもある。
　一度貼られたラベルを剥がすのが、ますます難しい時代になっているといえるのだ。

対人認知
見た目や言動などから人となりを判断する

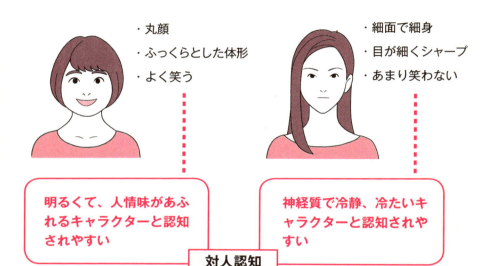

■ 自分なりの認知で他者の内面を想像する

　人は見た目で判断されるというが、たしかに私たちは無意識のうちにその人の外見や、他人に対する態度、人間関係の築き方などで他者の内面的な特徴をつくり上げている。

　たとえば、大きな体で友達にエラそうにしている子供を見れば、ジャイアンっぽいからきっといじめっ子に違いないと想像したり、いつもサッカーシャツを着ている人はスポーツマンだろうと思ったり、人当たりのいい話し方をする人はいい人だとイメージをつくり上げたりする。

　これが対人認知であり、あの人は温和な顔をしていて、人当たりもいいからきっとうまくやっていけるに違いないなどと、今後の行動を予測する判断材料としても使われているのだ。

　また、対人認知を左右するのは「温かい」か「冷たい」かが中心的な要素になっているという。初対面で冷たい印象を与えるのはウケがよくないので、服の色や表情などで印象を変えるなどのテクニックがもてはやされるようになるのである。

人は見た目で態度を変える（公衆電話での実験）

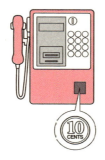

公衆電話のコイン返却口に、わざと10セントコインを置いたまま電話ボックスを出る。そして、次の利用者が電話ボックスから出てきた時に「10セントコインがありませんでしたか？」とたずねてみる

「きちんとした人物」と認知されやすい高価なスーツを着た時のほうが10セントコインを返してもらえた

●自己演出で印象は操作できる

　見た目や言動から人の内面を想像する「対人認知」を逆手に取れば、自分が他人に与えたい印象をつくり上げることも可能になる。

　本当は優柔不断で子供っぽい性格だが、仕事の時はそうは見られたくない。そう思ったら、ピシッとプレスの効いたシャツやスラックスを身に着けたり、キビキビとした話し方を心がけるといい。このように自分を演出することで、相手に与える印象を操作することができるのだ。

　ただし、これは数回しか会わないような相手に対しては有効だが、長くつき合っていく人には、どうしてもそのうちに"本当の自分"が顔を出してしまう。やり過ぎないほうが賢明だ。

認知のバイアス
自分に都合がいいように事実を捻じ曲げる深層心理

情報A　情報B

自分の利害に沿った情報や「こうであってほしい」と望む情報を信じようとする心理

＝

認知のバイアス

■ 先入観や思い込みで事実が見えなくなる

「認知のバイアス」とは、事実をそのまま受け止めようとせず、事実を都合よく捻じ曲げてとらえる心理のことをいう。

たとえば、よく「A型は几帳面」「末っ子は甘えん坊」といわれるが、それがすべての人に当てはまるわけではないことは誰もがわかっている。しかし、それでも思い込みを通して物ごとを見てしまうものだ。しっかり者の末っ子を見ると例外だと思い、甘えん坊の末っ子を見ると「やっぱり」と納得する。このような思い込みを「確証バイアス」という。

また、同じようなスペックの製品の中でも自社製品が一番優れていると思うのには、「内集団バイアス」といういわば身内びいきの心理がはたらいている。

さらに、災害などで身に危険が迫る恐れがある時でも「自分は大丈夫」と避難指示に従わなかったり、明らかに異常が起きているのに「問題ない」と自分のやり方を貫いて深みにはまってしまうことがある。これらも、先入観や思い込みのせいで事実が見えなくなってしまっているのだ。

自分に都合のいい解釈をしてしまうバイアス（思い込み）

確証バイアス（思い込み強化）

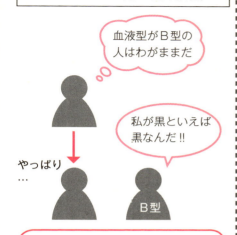

自分に都合のいい事実のみを見て判断する

内集団バイアス（身内びいき）

やっぱりうちの子が一番かわいい！

自分の側に属するもののほうが優れていると思いたがる

正常性バイアス（防御作用）

危険な状況下でも「まだ大丈夫」と思いたがる

ベテラン・バイアス（能力の過大評価）

「自分には経験がある」と思い込み、深みにはまる

誰も教えてくれない心の読み方 [基本編]

●毛並みのいいものをつい、なでなでしたくなるのは？

　　　　　ツヤツヤした毛並みの犬やふわふわの猫がいたら、なでなでしたくなる人も多いだろう。じつは、こうした心理は「毛づくろい」をする本能に関係があるといわれている。毛づくろいを含め、動物が自分や仲間をケアする行為を「グルーミング」というが、この行為には仲間意識を高めたり、リラックスさせたりする目的がある。人間が毛並みのいいものを見ると触りたくなるのも、その対象と仲良くなりたいという欲求の表れなのである。

●唇を触る癖がある人の意外な素顔とは

　　　　こわもてを気取っている男性や気が強そうに見える女性でも、その人に唇を触る癖があれば素顔は甘えん坊である可能性が高い。赤ちゃんにとって、唇は母親の乳房とつながる大切なパーツである。唇を通して母親から栄養はもちろん、安心感を受け取るわけだ。大人になっても唇を指で触ってしまうのは、無意識のうちに安心感を求めている証拠だといえる。表面的には強がっていても、心の中では甘えたい気持ちが強いのだ。

●好意があるか、敵意があるかは「立ち位置」でわかる!?

　　　　上司や同僚が「最近、よく頑張っているな」などと言いながら、肩や背中をポンポンと叩いてくることがあるが、こういう時、相手の「立ち位置」によってその人の本音を垣間見ることができる。相手が自分のすぐ横に立つようなら親しみの表れで、本心から応援してくれている。一方で、後ろに立ったままでいる場合は、背後からダメージを与えたいという潜在意識の表れだ。強いライ

バル心や敵意が隠されていることがあるから気をつけよう。

●腹を隠している人と上手に交渉するワザとは

　仕事などで初対面の人と会った時に、相手が自分の腹の前で手を組んでいたり書類などで腹を隠していたりすることがある。これは防御の姿勢で、こちらを警戒している可能性が高い。体の中でも、腹部は大切な内臓が詰まっている重要な部分だ。人は強い警戒心があると、無意識のうちにそこを隠してしまうのだ。こういう人と交渉する時は、本題に入る前に気軽な雑談などで場を和ませ、警戒心を解くようにすると話がスムーズに進む。

●本当の自分と裏腹の行動を取ってしまうワケ

　周囲にやたらと豪快ぶる人や、学生時代のワル自慢をする人はいないだろうか。こういう人は必要以上に強がった発言をしたり、武勇伝を披露したりするが、これらの言動は「反動形成」によって生じている場合がある。反動形成とは自分の中の抑圧された感情や考え方と正反対の行動をとる、一種の防御本能だ。本当の自分は気が小さいのだが、それを認めたくないために裏腹の行動をとって自分を大きく見せようとしているのである。

●臭いものをわざわざ嗅いでしまう人間心理の謎

　きっと臭いだろうなと思いながらも、自分が脱いだ靴下の匂いを嗅いでしまうことはないだろうか。なんとも奇妙に思える行動だが、人間が動物の仲間だと考えればおかしなことではない。自分の匂いを嗅ぐのは、動物が自分の存在を確かめるための習性だからである。そう

考えれば、恋人の汗の匂いが染みついたシャツを嗅いでしまう行為も、相手の存在を確かめるための動物的な本能だといえるわけだ。

●自分こそ正統派で、相手が変わり者だと思う心理の裏側

自分と違う意見の人がいると「あの人は変わり者だ」と思ってしまうことがある。こんな「自分こそ正統派で、異なる意見の持ち主は少数派で変わり者だ」と思う心理を「フォールス・コンセンサス効果」という。いつも似たような考え方や感覚の仲間ばかりで集まっていると、自分の考え方が複数の人の合意（コンセンサス）だと思い込むようになる。そのため意見が異なる人には排他的になり、相手を変わり者扱いしてしまうのである。

●髪型をしょっちゅう変える人と変えない人の違いは

髪を染めたりパーマをかけたりと髪型をコロコロ変えて周囲の反応を気にする人は、流行に敏感というより周囲に流されやすいタイプである。自分の個性が定まっていないので、モデルや俳優といった人たちの真似をして、しょっちゅうイメージチェンジするのである。一方、髪型をめったに変えない人は、自分のスタイルをしっかり確立している人が多い。流行には流されないが、頑固な一面も持ち合わせているタイプだ。

●噂好きの人の隠れた願望とは

「あの人たちはつき合っているらしい」とか「あの人がもうすぐ転職するみたい」など、信頼できる話から根も葉もないゴシップまで何かと噂話が好きな人がいる。こういう人は好奇心が強いだけでなく、「あの人は情報通だ」と周囲から一目置いてもらいたいと願っている人が多い。周囲から評価されたくてしかたがないので「い

つも情報を仕入れるのが早くて、すごいね」などと持ち上げて自尊心を満足させてあげると、気分をよくして扱いやすくなる。

●交差させた足から透けて見える本音とは

立ち話をしている時に相手の本音を知りたければ、足元に注目してみることだ。もし足を交差させて立っているのであれば、相手はリラックスしている状態だとわかる。緊張している相手の前では、すぐにその場を立ち去れないような足を交差するポーズをしないからである。ただし、例外なのは女性が足を交差させている場合だ。「近寄らないで」という防御の気持ちが働いていることもあるから、本音を読み違えないように気をつけよう。

●瞳孔が開いている人が発しているサイン

一般に瞳孔は明るいところで閉じて、暗いところで開く。しかし、その時の心理状態によっては明るくても瞳孔が開く時がある。それは、興味や関心のあるモノを見た時だ。人は興味津々の対象が目の前にあると、自然と瞳孔が開いてしまうのだ。だから、会話の最中は相手の瞳から目を離さないほうがいい。相手の瞳孔が開いたら、その話題に関心がある証拠だからだ。そのサインを見逃さずに話を盛り上げれば、相手との距離が一気に近づくはずである。

●どんな意見にも「はい」と言うイエスマンには要注意

どんな指示や意見にも反論せずに「はい」と受け入れる部下は従順で有能なように思える。しかし、こういう他人の意見に同調しがちなタイプには注意も必要だ。どんな意見にも「イエス」と従ってしまうのは、相手から「嫌われたくない」「認められたい」という承認欲求

が強いからだ。こちらが間違えた指示を与えても、嫌われるのを恐れて間違えを指摘しない可能性もある。自分で考えて「ノー」と言える部下のほうが役立つはずだ。

● 自意識の高さは写真を撮る時にわかる!?

　　写真を撮る時に、やたらと目立ちたがる人は自己顕示欲の強いタイプである。明るくて自信満々な人のように見えるが、内心では自分の存在意義に不安を感じている人が多い。そのため、必要以上に自分の存在を派手にアピールしたがるのである。一方で、写真を撮られるのを極端に嫌がる人も自意識過剰なタイプである。周囲はそれほど気にしていないのに、自分の写真映りが他人からどう見られるかが気になってしかたないのだ。

● 大人も子どもも「制服」に弱いのはなぜ!?

　　消防士や警察官、看護師、キャビンアテンダントなど子どもから人気がある職業は、大人になって合コンなどでも異性からモテる職業である。なぜ人はこれらの職業に憧れるのか。その共通点は「制服」があることだ。制服があると、その職業に就いている人をイメージしやすい。たとえば、消防士には責任感があり男らしいとか、看護師には優しい白衣の天使など、職業のイメージがよければその制服を着た人のイメージもよくなるというワケだ。

● 鏡を頻繁に見る人ほど魅力的!?

　　街中のショーウィンドウや鏡に映る自分の姿をしょっちゅう見る人がいる。こういう人は「公的自己意識」が高く、自分が周囲からどう見られているかが気になるのだ。ナルシストのように思えるが、けっして悪いことではない。鏡を見る回数の多い人は、周囲から魅力的だと思われているという実験結果もあるからだ。一方で、鏡を見る回数が少ない人は自分の容姿や世間の目を気にしないから、周囲から魅力がない

と思われがちなのである。

●高額なプレゼントは相手の気持ちを遠ざける

　プレゼントは高ければいいというものではない。高額なプレゼントは、相手に負担を感じさせるので控えたほうが無難である。人は贈り主と自分との間に均衡した関係を望む傾向がある。あまりに高額な贈り物をされると、相手に借りをつくってしまったという負い目の気持ちが生まれ、何か下心があるのではと相手への警戒心が生じることになる。相手にプレッシャーを与えない程度の贈り物を選ぶのが、素直に受け取ってもらえるコツなのだ。

●財布を見ればひと目でわかる！　あの人の性格

　いつも持ち歩いている財布だが、財布はその人の性格が如実に表れるアイテムだ。たとえば、ヨレヨレの財布にふだんは使わないポイントカードやら古いレシートやら何でもかんでも詰め込んでいる人は、心配性で所有欲の強いタイプである。一方で、高価な財布をきちんと整理整頓して使っている人は、無駄遣いをせずに経済観念がしっかりしている。仕事も私生活もきちんと自分でコントロールできるタイプだ。

●偉そうに腕組みしている人は内心オドオドしている!?

　腕組みをしてふんぞり返っている人がいると、ずいぶんと態度の大きい人だと感じるだろう。しかし、「腕組み」は内在する不安や心配を隠そうとするポーズなのである。腕組みは自分自身を抱きしめるポーズに似ているが、これは誰かに抱きしめてもらいたいという気持ちの表れでもある。自分で自分を抱きしめて不安を落ち着かせ、自己防衛しているのだ。どんなに偉そうに腕組みしていても、

内心はオドオドと怯えているのである。

●頬や耳を触るクセがある人がついやってしまうのは

話をしながら自分の頬に手のひらを当ててみたり、耳たぶを指で触ったりする人がいる。こういう人の話は実際より面白おかしく脚色されていることがあるので、話半分くらいに聞いたほうがいい。頬や耳を触るしぐさは芝居がかったポーズにも見えるが、頬や耳を頻繁に触るクセがある人はナルシストでサービス精神旺盛な人が多いのだ。つい話を大げさに誇張することもあるから、すべてを鵜呑みにしないことである。

●約束の時間より早く来ている人はじつはルーズ

待ち合わせの時刻よりも極端に早く来る人がいる。こういう人は時間に厳しく、仕事やプライベートもしっかり管理できている人のように思えるが、じつはその反対で時間にルーズな人が意外と多い。ただ、自分が時間にルーズなことを自覚しているので、大切な要件の時には極端に早く来てしまうのである。裏を返せば、約束の時刻ちょうどに到着するように上手な時間調整ができないということだ。仕事での段取りが下手なのもこのタイプである。

●まばたきの回数で動揺を見抜く

一般に人は1分間に20回程度、まばたきするといわれている。ところが、何か後ろめたいことや隠しごとをしている時などは、まばたきの回数が無意識のうちに増える。表面上は平静を装っている人でも、やたらパチパチとまばたきをするようなら何かに動揺して緊張している状態だと思っていい。重要な交渉の時などは、相手のまばたきの回数によく注目していれば話のどこに動揺

したかを見抜くこともできるはずだ。

●好かれている度合いは足先の向きでわかる！

相手の本心を見抜くのに、面白いほど本音が表れるのが足先である。人は相手の話に関心がある時や好意を抱いている相手には、自然と膝や足先が向いてしまうのだ。たとえば、合コンなどで気になる女性が顔は右隣りの男性のほうに向けて話しているが、膝から下の足先が左隣の男性のほうを向いているとする。こういう時は右隣りの男性よりも左にいる男性のほうに好意を抱いている可能性が高いのだ。

●アクセサリーをじゃらじゃら着けている人が抱いている警戒心

耳には大きなピアス、指にはいくつもの指輪、首や手首にもネックレスやブレスレットをじゃらじゃらと身に着けている――。こういう人は一見派手で活発そうに思えるが、その素顔は強いコンプレックスの持ち主であることが多い。誰かに嫌われていないかとか陰口を言われていないかなど、周囲への警戒心も強い。やたらと身につけたアクセサリーは、自分を守るための一種の〝武装〟だといえるかもしれない。

●「我々」という言葉に隠された狙いとは

「我々は、心をひとつにしてこのプロジェクトに取り組むべきです！」などと頻繁に「我々」という言葉を口にする人がいる。この言葉がやたらと繰り返されるようなら、その人は周囲を味方として取り込もうとしている可能性が高い。なぜなら、「我々」という言葉には帰属性を高める効果がある。その場にいる人は無意識に連帯感を持ち、その事柄がまるで自分に深く関わっているように思えてしまうのである。

● 無意識に体を触ってしまうのは「不安」の表れ

　　自分の髪の毛をやたらと触ったり、手のひらで反対側の腕をさすってみたりするなど、つい自分の体を触ってしまう人は孤独で不安を抱えている。人は孤独を感じると他人とのつながりを求めたがる。しかし、実際に触れあえる相手がいない場合、自分の体の一部を触って孤独や不安を紛らわすのだ。これは「自己親密」といわれる行為で、こうすることによって無意識に不安な気持ちを落ち着けているのである。

● やらないうちから「無理」という人は子どもっぽい

　　少し努力すればできるかもしれないことなのに、やらないうちから「自分には無理だから」とか「絶対に無理！」などと言って、端から諦めてしまう人がいる。こういう人は、依頼心が強く自立できていないことが多い。自分で解決しようとせずに、誰かが代わりにやってくれると思っているのだ。もとはといえば成長過程の幼い子どもが言うことが多い「無理」という言葉だが、大人になってからも口にするというのは子どもっぽい証拠なのである。

● すぐに「でも」と反論するのは自己中心的な人

　　どんな提案にも「でも」と反論する人は、用心深くて慎重な人である。いいところよりもマイナス面ばかりが気になり、とにかく否定してしまうのである。なかでも、すぐに「でも」と反論するのは、自分の考え方を基準として判断を下す「自己中心的」な性格の表れだ。周囲の意見に耳を傾けるという姿勢があまりないので、こういう人を説得するには時間と手間がかかることを覚悟しておいたほうがいい。

● ついクッションを抱えてしまうのは警戒しているから？

　　　　自宅に招いた友人がクッションを抱えて座っていたとしたら、何かを警戒している証拠である。これは子どもがぬいぐるみを抱きかかえて安心するのと同じ心情で、クッションを抱えることで自分を守り不安を落ち着かせようとする行為だ。言葉や表情では楽しそうにふるまっていても、心の底からリラックスしていないのである。こういう時は早くその場になじんでくつろげるように、積極的に話しかけるなどして警戒心を解いてあげよう。

● 悩みを相談すると親近感が生まれる？

　　　　異性の同僚に仕事や恋愛の悩みを相談しているうちに、仲が深まって恋に落ちてしまったというのはよく聞く話である。ふだんは他人に話さないような悩みを打ち明けると、相手は自分を信頼して本音を話してくれたと嬉しく感じる。さらに、お互いに「わかるよ。そういうことあるよね」と共感し合うことで、親近感が生まれるのだ。仲良くなりたいともくろむ相手には、悩みを打ち明けてみると距離が一気に近づくかもしれない。

● ジェスチャーが大きい人の魂胆とは

　　　　取引先と交渉をする時に、相手がやたらと手を振りかざして話したり大げさなジェスチャーをするようだったら、それは主導権を握りたいと思っている証拠である。相手をどうしても納得させたいと思うと、人は自然と手を前に出して身振り手振りを交えて力説してしまうのだ。聞いているほうはその勢いに押されて主導権を握られがちになってしまうから、大げさなジェスチャーに惑わされず、冷静に交渉に臨むことだ。

Column 1
夕べ見た夢について

夢からのメッセージを読み解く方法

夢は無意識からのメッセージ

やけに鮮明で記憶に残る夢を見ると、もしかすると何かを暗示しているのではないかなどと不安になることがある。

だが、心というものが意識と無意識から成り立っていて、そして無意識に潜んでいるものを知る手掛かりになるのが夢だとすれば、やはり夢の中味は内なる自分からのメッセージだと考えられる。

たとえば、自分の今の生き方に疑問を持っている人がよく見るのが、自分の〝名前〟が見つからない夢だ。

特に会社の知名度や肩書に頼って生きていることにむなしさを感じている時などには、肩書ばかりが並んでいて自分の名前がどこにも書いてない名刺が現れたりするのだという。

下水道にたまった汚物の夢は抑圧された感情？

下水道や排水口などのイメージが夢に出てくるのもめずらしくない。このような夢は、無意識の世界を表しているといわれる。上水道が意識している部分だとすれば、下水道はその下にある無意識の部分なのだ。

そして、そこに何か汚いものがたまっていたら、それは自分の意識に触れないように押し込めてきた欲求かもしれない。社会での自分を優先するあまりに、個としての感情を押し殺してきたが、そろそろ限界に達してきた──。そんな時に、このような夢を見るのだという。

また、何度も同じ夢を見ることもある。これは、実際の自分が困難な状況にあり、その打開策を探している状態を表わしているというのだ。

自分の夢を分析してみると、自分でも気づかなかったストレスを発見できるかもしれない。

Chapter 2

相手を操縦するのに、この「心理法則」は外せない

初頭効果
「第一印象は6秒で決まる」説は本当か

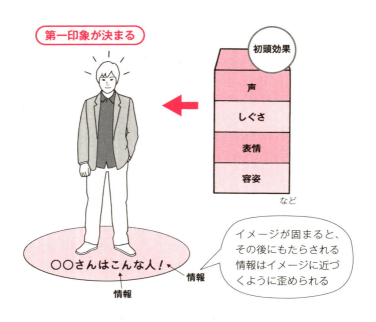

■ 第一印象が悪いと挽回しにくい理由

　初めての相手と対面した時、「髪が長い」とか「服装が派手」など、ほとんど「見た目」で判断する。

　だが、これが自分と少しでも関わりのある人だと注目する点は異なる。初対面の時に相手のどこに注目するかを聞いたある調査によると、「表情」と答えた人が47・5パーセント、「話し方」と答えた人が29・6パーセントで、服装や髪形を大きく上回った。

　これがいわゆる「第一印象」となるもので、そして、この印象は、その後も意外と長く尾を引く。そればかりか、たとえ後から別の情報を得たとしても、最初にできあがった相手のイメージに近づけるように解釈する傾向があるのだ。

　したがって最初に悪いイメージを持たれると、なかなか挽回しにくい。初対面でのふるまいには人一倍気をつけたほうがいいだろう。

第一印象は初頭効果で決まる

● 第一印象は6秒以内に決まる

　第一印象で相手のイメージが固まってしまうのは、「初頭効果」という心理学的効果によるものである。

　人間の脳は会ってから少なくとも6秒で相手の印象を決定づけてしまう。そして、その時の印象は、あとで起こる出来事や周囲から聞く情報よりも心に強く残るのだ。

　もちろん「第一印象は最悪だったけど、よく話してみたら印象が180度変わった」というケースもあるが、これは逆に第一印象がそれだけいつまでも残っている証拠なのである。

ピグマリオン効果
人は期待されるとその通りの成果を出す？

期待を込めて対応された人は能力が向上する

＝

ピグマリオン効果（教師期待効果）

■ 期待されているという暗示にかかる

　先生が生徒の能力に期待をすれば、その生徒の成績は上がるのではないかという仮説をもとに行われた心理実験が「ピグマリオン効果」だ。

　アメリカの心理学者ローゼンタールは、ある学校の学級名簿から無作為に数人の生徒の名前を挙げて、担任の先生に「彼らは数ヵ月の間に成績が伸びる」と伝えた。

　すると数ヵ月後、名前が挙げられた生徒の成績が実際に上がったのだ。これは、先生が期待感を持って彼らに接したことや、生徒がその期待を意識したから起こったのだと結論づけられた。

　ただし、この効果は生徒と先生のつき合いが短いほど表れやすいこともわかっている。お互いをよく知っているほど、暗示にかかりにくくなるということなのかもしれない。

　この効果については、ただのえこひいきではないかという反論もあるが、効果的にほめることで生徒のやる気が刺激されると能力アップにつながることは間違いないのである。

相手を操縦するのに、この「心理法則」は外せない

サンフランシスコの小学校で行われた実験

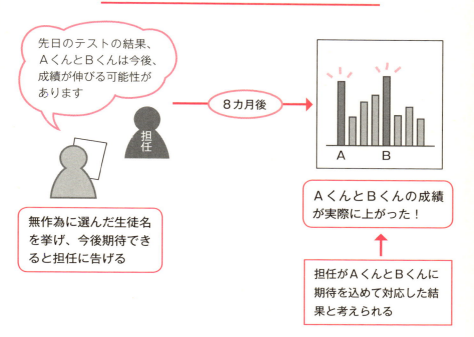

ただし…
生徒と先生のつき合いの程度によって効果は大きく変わった

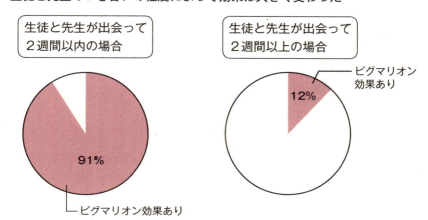

> フット・イン・ザ・ドア・テクニック
相手の承諾から生まれる「慣性」を利用する

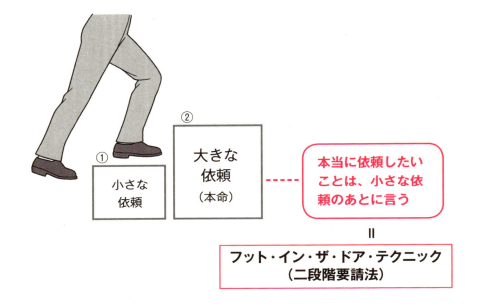

■ 小さい依頼でまず心のドアを開ける

「ちょっとだけアンケートにお答えください。この新商品についてどう思われますか」などと声をかけられ、「いいですね」と答えたらセールストークが始まり、気がついたら高額商品を買わされていたというような話は後を絶たない。

この「ちょっとだけ」というのが、「フット・イン・ザ・ドア・テクニック」の常套句である。

いきなり何十万円もするような商品を売りつけても誰からも見向きもされないが、はじめに簡単にOKしてもらえるお願いをして心を少し開かせればこっちのものだ。なぜなら、人は他人から言動や態度に一貫性がある人だと思われたいという心理がはたらくからだ。

一度「いいですね」と答えた人は、そのあとに言葉巧みにさらにお願いをされると断りたいのにNOと言えなくなってしまうのだ。

小さな依頼のあとに大きな依頼をすると承諾率が上がる

●いきなり大きな依頼をした場合

●小さな依頼のあとに大きな依頼をした場合

一貫性のない人間だと思われたくない心理が働き、2度目の依頼を断れなくなってしまう

ドア・イン・ザ・フェイス・テクニック
難題を拒否したあとに小さな依頼は断れない

＝

ドア・イン・ザ・フェイス・テクニック（譲歩的要請法）

■大きな要求をして断られたらサッと引く

　海外旅行に行くと地元の市場に買い物に出かけ、店主と値引き交渉をするのが楽しみだという人がいる。

　このような交渉で使われるのが「ドア・イン・ザ・フェイス・テクニック」だ。最初に大きく吹っかけておいて相手にＮＯと言わせ、そこから譲歩していくのである。

　たとえば50ドルと値札のついた商品を「20ドルにして」と断られるのを承知の上で大きな要求をする。そして断られたら、じゃあ25ドル、28ドル、30ドル…と少しずつ上げていく。

　すると、店主としては譲歩してくれたお返しをしなくてはという気分になる。その結果、元の値段よりも安い額で交渉に応じてしまうのだ。

　このようにまず難題を持ち出してから小さなお願いするやり方は、国と国との交渉などでも使われている。「最初に比べたら…」と相手の心を動かすことができるのである。

先に難題をふっかけてから依頼すると承諾される

これから非行少年たちを動物園に連れて行く。2時間ほど手伝ってくれないか

NO！

この非行少年たちのカウンセリングを2年間、毎週2時間やってくれないか？

NO！

承諾したのは17％

全員が拒否

じゃあ、これから非行少年たちを動物園に連れて行く。2時間ほど手伝ってくれないか

OK！

実験では承諾した人の数が約3倍になった

50％が承諾

ランチョン・テクニック
食事をしながらの会議がうまくいくワケ

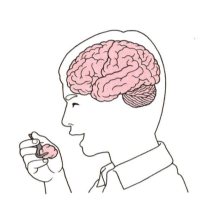
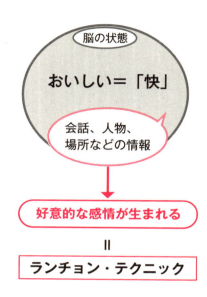

■「おいしい食事」と「好意」は結びついて記憶される

　お近づきになりたい人がいたら、お茶に誘うより一緒に食事に出かけたほうがいい。なぜなら、おいしいものを食べている時は、そばにいる人や音楽、会話の内容などをはっきりと記憶していなくても心地よいものとして心に刻まれるからである。

　この食事と好感の関係を分析した「ランチョン・テクニック」を実験したのはアメリカの心理学者ラズランで、政治声明文を次々と被験者に読ませ、途中、食事を提供することで評価は変わるのかということを調査した。

　すると、被験者らが食事をしている最中に配った政治声明はどれも高い評価を得ていて、食事をしていない時に配ったものはそれほど評価されていないことがわかったのだ。

　このように、食事と好感が結びついて記憶されるのであれば、社内の親睦会や政治家のパーティーなどに食事やお酒がつきものなのも納得できるだろう。

食事をしている時に得た情報は高く評価される

被験者に政治声明文を次々に評価してもらう実験では…

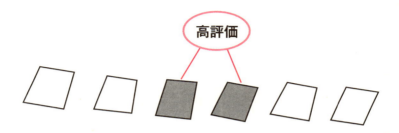

食事をしながら読んだ政治声明文に限り、高く評価された

●ホワイトハウスでも使われているテクニック

　アメリカ大統領官邸のホワイトハウスでは、伝統的にランチョン・テクニックが使われている。

　何か重要な法案などについて話し合われたりする時には、ホワイトハウスのダイニングに大統領と政治家が一緒になってテーブルについている様子がニュース映像として流れたりする。

　これは、反対派の政治家となごやかな時間を過ごすことで、対立する意見を操作するのが狙いだ。

　しかも、その際にはテーブルに贅沢な銀食器が並ぶ。丁寧にもてなされれば誰でも気分がよくなり、その時に話し合った内容をポジティブに受け止めることができる。このような心理操作が伝統的に行われているのだ。

　さすが、心理学の本場アメリカである。

同質の原理
聞く人に合わせた音楽はなぜいい気分にさせるのか

同じ音楽を聴いているのに、反応がまったく異なるのはなぜか

■ 気持ちと「同質」の音楽で癒される

　失恋や仕事の失敗などで気分が落ち込んでいる時に音楽を聴くとしたら、どんな音楽を選ぶだろうか。
　落ち込んでいるのだからテンポがよくて元気になる曲がいい。暗い音楽を聴くとかえって気持ちが沈みこんでしまうと思う人もいるかもしれないが、じつはそうではない。
　もし、失恋して悲しい気持ちになっているなら自分の心を代弁してくれるような失恋ソングを聞くといい。すると、他者が自分の気持ちをわかってくれると思うことでリラクゼーション効果を自己操作することができるうえ、心を癒すことで徐々に元気を取り戻すことができるからだ。
　このように、自分の気持ちに合った音楽で癒し効果を得ることを「同質の原理」といい、音楽療法として実践されている。
　選ぶ音楽は単に「同じである」ことが大切で、メロディーやテンポ、リズム、音量までもが自分の気持ちと同質であることで効果をもたらすのだ。

音楽療法の実践から見出された原理

- テンポ
- リズム
- 雰囲気
- 音量

聴く人の気分やテンポと同質の関係 ＝ 同質の原理

音楽療法による生理的な変化

・リラックスすると「アルファ波」が増加する

・好みの音楽を聴くことによって、不安レベルを下げ、リラックスした状態を促進する手がかりになる

一人ひとりの情緒や気分、ストレスの度合いなどに合った音楽を選ぶのがポイント

■ 中途半端な値段設定に隠された秘密

「198円」「598円」「9980円」など、スーパーマーケットや家電量販店、衣料品店でもチラシに並んでいるのはいずれも半端な数字の値段だ。

980円などはあと20円プラスすれば1000円なのだから、キリのいい値段にすればいいのではないかと思うかもしれないが、この中途半端な数字こそが消費者の心に響くのである。

なぜなら、わずか20円安く設定するだけで4ケタの大台に乗らないからだ。それだけで安値感がグッと増すのである。

フランスで行われた有名な端数効果の実験でも、訪問販売をしてパンケーキを2フランで売るか、1.99フランで売るかで売り上げ数が大きく異なったことがわかった。値段としては0.01フランというわずかな差なのに、末尾を端数にしただけで購入者が増えたのだ。

もちろん、実際に1.99フランのほうが安いのではあるが、それよりも金額が端数になっていることで、客にとっては売り手が金銭的に譲歩しているように映るのだ。

相手に「何かをしてもらった」という心理が人を動かすのである。

わずか0.01フランの値引きで売上げアップ

募金協会のメンバーとして200世帯を訪問してパンケーキを販売する実験では…

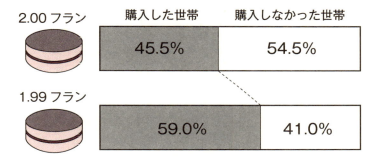

たいした値引きをしたわけでもないのに、値段を端数にしたことで13.5パーセントの売上げ増になった

●時間がルーズな人を端数効果で動かす

　昼間であろうが夜であろうが、何時に約束しようとも時間通りに姿を現さない人がいるものだ。
　このような人に、「午前10時」とか「午後7時30分」などキリのいい時間を指定しても必ず遅れてくる。それは単にルーズなのではなく、時間を「10時くらい」と大雑把にとらえてしまうからだ。
　そのため、5分や10分は許容範囲だろうと考えてしまう。そうしているうちにますます時間にルーズな人になっていくのだ。
　このようなタイプを約束の時間に間に合うように動かすには、端数効果を使うといい。たとえば、10時厳守で来させたいなら「9時58分集合」と伝えておくのだ。
　すると、58分という半端な時間が印象に残り、その時間を目指して行動するようになるのである。

ステレオタイプ
なぜあの人は極度に単一化したイメージを持ってしまうのか

「最近の若者は敬語を知らない」
「アフリカ人はダンスが上手い」
「女性は事務仕事に向いている」

ある集団をカテゴリー化し、そこに含まれる人が
共通して持っていると信じられている特徴で判断すること

＝

ステレオタイプ

■ どの集団に属しているかだけで人を判断してしまう

　いつもにぎやかで面白いことを言ってはまわりを笑わせている人が、大阪出身だと聞くと「やっぱり」と納得することはないだろうか。
　ステレオタイプとは、「大阪人＝おしゃべり」というような、ある社会的集団のカテゴリーに対する型にはまった認識や思い込みのことをいう。
　アメリカ社会に「ユダヤ人は能力が高い」とか「黒人は学業成績が低い」、また「主婦は攻撃的ではない」とか、逆に「建設作業員は攻撃的」などの思い込みがある。これらを当てはめて人を判断することを「ステレオタイプ適用」というのだ。
　ステレオタイプが当てはめられやすいのは、情報があいまいな場合が多い。そのため、ある主婦が子供に手を出したら「しつけ」と見なされ、建設作業員が手を出したら「暴力」と解釈されてしまう。
　また、現代のようにさまざまな情報があふれる社会では、どの情報を信じればいいのかわからなくなるため、単純にステレオタイプに当てはめて納得しようとするのだ。

情報過多な社会のほうがステレオタイプに陥りやすい

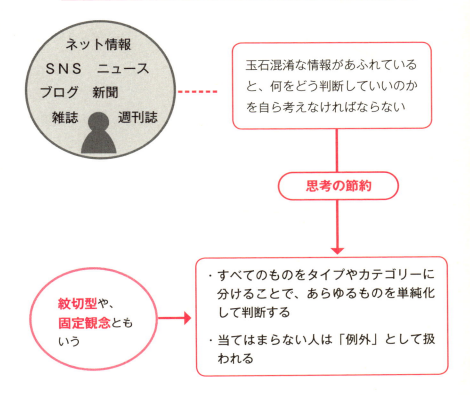

● **ステレオタイプに「否定的感情」が加わると差別や偏見を生む**

　「あの人は○○だから、○○だ」という思い込みに否定的な感情が加わると差別や偏見が生まれ、それはやがて集団間の対立に発展する。
　わかりやすいのは、「イスラム教徒＝テロリスト」という偏見だ。トランプ大統領はこの図式に当てはめて、イスラム圏6ヵ国の国民に対してアメリカへの入国を禁じる大統領令に署名した。
　また、第2次世界大戦中のドイツで起きたナチスによるユダヤ人の大量虐殺も、特定の集団を同一視することでエスカレートした。
　このような集団間で起こる敵意や偏見を解消するためにはどうすればいいのかについては、多くの心理学者の研究対象となっている。

ツァイガルニク効果
途中で中断されると記憶に残る

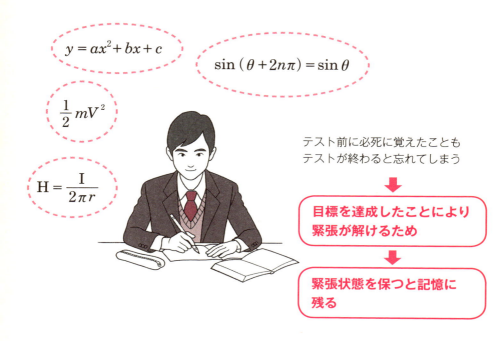

■ 記憶と忘却と緊張感の関係

　終わってしまった仕事のことはすぐに忘れてしまうが、中途半端なまま残してきた仕事のことは気になってしかたがないということがある。

　このような心理は、完了していない課題は終わった課題に比べて思い出しやすいという「ツァイガルニク効果」で説明できる。

　終わっていない仕事のことはなぜ思い出しやすいのか。それは、緊張感が持続しているからだ。

　どんなに大変なことでも終わってしまえば達成感と解放感で緊張から解き放たれる。しかし、まだ残っていれば緊張した状態が続くのだ。

　ロシアの心理学者ツァイガルニクは、レストランのウェイターが支払いの終わった客の注文のことはあまり覚えてないが、まだ支払いが済んでない客の注文のことをよく覚えていることから、記憶のしかたに違いがあるのではないかと考えたのだという。

課題を完了してしまうと忘れてしまう脳

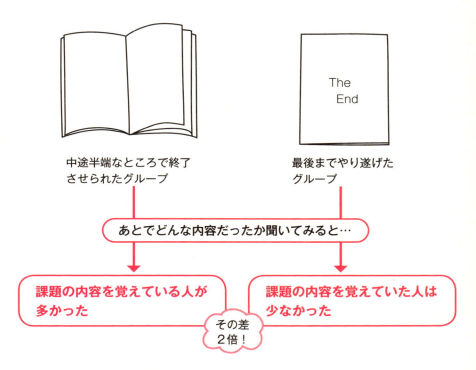

● 中途半端な終わり方に意味がある

　連続ドラマを見ていると、一話完結ものであっても次回につながる映像をチラリと見せてから終了することが多い。いうまでもなく、これには次回も見てもらおうという制作者側の意図が隠れている。
　そして、その意図に反応してしまうのが人間の性である。中途半端なところで終わってしまったことで、次の回まで記憶が残り続けるため、結局、毎回見続けることになるのだ。
　昔の時代劇などは完全なる一話完結だったが、それでも人気が高かったのはほかにあまり娯楽がなかったからだろう。現代の視聴者を引き留めるには、あの手この手の心理作戦が必要なのである。

帰属のエラー
人の失敗には厳しく、自分の失敗には言い訳をする

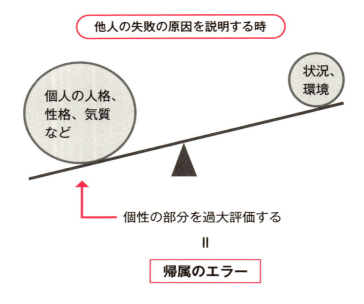

■ 状況的原因よりも本人の資質が原因だと思いたがる

　事件というほどのことでなくても、何かコトが起きるとその原因は何なのかを直観的に判断しようとするものだ。

　このようにどこに原因があるのかを求めることを「帰属」といい、人格や性格に要因があることを「内的帰属」、環境などの本人以外の部分に原因がある場合を「外的帰属」という。

　しかし、他人に対する判断にはよく帰属のエラーが起きる。たとえば、誰かが重大な失敗をしたとしよう。すると、まず注目されるのが「どんな人物だったのか」という点だ。

　失敗した時の状況について考えるよりも、失敗の原因は個人の性格や気質、人格のせいにされることが多い。あんなバカなことをする人は、自分たちと同じ人間ではないと信じたいという心理がはたらくからだ。

　しかし、もし失敗したのが自分だったら、必死に状況を説明して「しかたがなかったのだ」と主張するはずだ。

　どんな事件においても、それを取り巻く状況を考えることでバランスの取れた判断ができるようになるのである。

なぜ、帰属のエラーは起こるのか

ヒトラーと共にユダヤ人大量殺害にかかわったナチスは異常者ばかりだ!!

信者を集団自殺に導いたリーダーは狂っている!!

アメリカ同時多発テロを起こしたパイロットは邪悪なテロリストだ!!

あんな重大なミスを犯すなんてそもそもリーダーの素質がないからだ!!

すべての原因は、その人物の人格に起因すると考えられやすい

説明がつかない（ように見える）ことは、「自分たちが理解できない怪物のような人物によって引き起こされる」と信じたいという心理がはたらく

一方では

人間は戦争などの非日常的な状況や権威への服従によって、考えられないような行動に出るものだ

という考え方もできる

心理的リアクタンス
すでに得ている自由が奪われそうになると守りたくなる

すでに手にしていたものを禁止されるとそれが魅力的に思え、ますます欲しくなる心理

＝

心理的リアクタンス

■ 反抗期のティーンエイジャーの心境

　自分が自由に使えていた時間やお金、権利、チャンスなどが取り上げられそうになると不安や猛然とした怒りが湧いてくる。

　この既得権益を守ろうと反抗する心理を「心理的リアクタンス」といい、それが特別な形となって表れるのが10代の反抗期である。

　しかも、よく考えればそれほど欲しくなかったものでも、親にダメと言われると無性に手に入れたくなったり、説得されると正反対のことをしたくなってしまう。

　このような、本人も理解できないような感情も心理的リアクタンスでなら説明がつく。

　ちなみに、名門一家の猛烈な反対を押し切って一目ぼれの愛を貫いた『ロミオとジュリエット』の主人公の年齢も、それぞれ16歳と13歳という設定だった。

「ロミオとジュリエット」は心理的リアクタンスの一例

モンタギュー家

キャピュレット家

ロミオとジュリエットの恋が短期間で情熱的に燃え上がり、死によって永遠の愛を成就させるという激しい行動に出た理由とは？

心理的リアクタンス

両家の不和、2人を引き離したい親の思惑…、これらによって自由を奪われたぶん、それを手に入れたいという思いが高まった

●説得や注意が逆の行動で返ってくる「ブーメラン効果」

「早く寝なさい！」「ゲームは1時間までの約束でしょ！」と、反抗期の子供にはどんなに口を酸っぱくして注意してもほとんど効果はない。

それどころか、この時期の子供への注意や説得は必ずその逆の行動となって返ってくる。これを「ブーメラン効果」という。

なぜ、親の要求通りに動かないのか。彼らには、自分の行動には自分で責任を持ちたいという意識が芽生えているため、自分の信念に対して押しつけられたり指示をされると猛烈に反発してしまうのだ。

自分の足で立とうとしながらも、まだまだ一人前でない現実の自分と葛藤しているのかもしれない。

フレーミング効果
枠組みに当てはめる不合理な心理

どちらがお買い得に感じるか

今まで「半額」で買い物をしたことにお得感を抱いている人は、そのフレームを当てはめて、「半額」のほうが魅力的に感じる

■ どっちが得か、どっちが安全か…を決める基準

　かかりつけの病院の医師に、「Aの術式は生存率80パーセントで、Bの術式なら死亡率20パーセントです。どちらにしますか？」と聞かれたとしよう。さて、どちらを選ぶだろうか。

　よく考えれば、AもBも生存率、死亡率ともに同じなのだが、多くの人は「生存率80パーセント」のAを選ぶ。なぜなら、単純に20パーセントの確率で死亡するより、80パーセントの確率で生存するといわれたほうが助かる見込みがあるように思えるからだ。

　この、同じ確率でも「こっちのほうが効果がありそう」と思う心理が、誰もが心に持っている枠組み、つまりフレームのひとつである。

　人はこのような心の中にあるフレームに依存して、より安全で、よりリスクが少なく、より確実なものを日々選択しているのだ。

得する金額は同じでも手間や自分の基準で判断を変える

メンバー登録と値引きの実験によると…

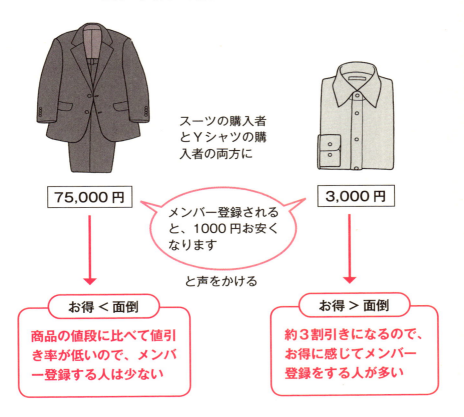

● フレームは変えることができる

　何かを選択する時の判断基準を「フレーミング」というが、これは誰もが同じというわけではない。

　たとえば、コップの中に水が3分の1入っているのを見て、ある人は「まだ3分の1ある」と感じ、ある人は「もう3分の1しかない」と感じるのは、その人が持っているフレームが違っているからだ。

　しかし、物ごとをネガティブに考えていた人が、新しい刺激を受けてポジティブ思考に変わることもある。

　フレームは自らの意思で変えることができるのだ。

他者への投影
他者の存在を借りて本音を聞き出す

**本人がしゃべりたくないと思っていることを
ズバリ質問しても本音は聞き出せない**

■ 他者のこととしてなら好ましくない自分の意見も言える

　自分が悩みを抱えている時に、同じように暗い顔をしている人を見かけると「あの人、悩みがあるのかな？」と考えてしまうことはないだろうか。これは、自分の気持ちを他者に投影して見ているのだ。

　このように、人はそれぞれ自分の心のフィルターを通して世の中を見ている。だから、同じものを見ても異なった見方をする人や違った意見が出てくるのも当然なのだ。

　しかし、自分の考え方や感じ方が一般に受け入れられそうにないものだったり、口に出して言うと人から批判されそうな意見だったら人はなかなか本音を話さない。

　ところが、それが自分の意見であっても、他人の意見としてすり替えれば「ちょっと聞いた話ですが」と断っていくらでも話すことができる。

　人間は、自分の望ましくない部分を誇張して他人に当てはめる傾向にある。だから、他人の性質を厳しく批判する意見は、じつはその人にも内在している性質なのだ。

「他者の存在を借りる」とは

あの件について、
あなたの周囲の人 は
どのように言っていましたか？

あの件について、
社内での 評判は
いかがでしたか？

他の誰かの意見を聞きたいというニュアンスで問いかける

他者への投影

まわりの人たちの中には反対意見も多かったですね。快く思わない人もいるようですよ。
（私もその1人だが…）

本音が
漏れやすい

多くの人は他者に投影されると本音が言いやすい

ヤマアラシのジレンマ
人間関係で傷つきたくないけど独りぼっちはイヤ

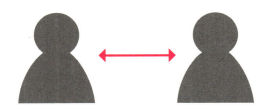

近づきたいけど、近づきすぎたくない心理

＝

ヤマアラシのジレンマ

■ 人間関係を難しくしている距離感

「ヤマアラシのジレンマ」は、身近な人間関係の距離感を表現したドイツの哲学者ショーペンハウアーの寓話である。

ヤマアラシは全身がトゲで覆われている。だから2匹が密着するとお互いを傷つけてしまうし、かといって離れると温め合うことができない。そこで、試行錯誤しながらちょうどいい距離感を見つけるという内容だ。

近づきすぎるとトラブルになり、かといって独りぼっちは寂しい。そんな人間関係のジレンマに苦しんでいる人は多いのではないだろうか。

特にカップルの場合はこのジレンマに陥りやすい。いつも一緒にいたいと思うけれど、自分から近づきすぎて嫌われるのが怖いといった具合だ。そのため、好きな相手なのにいつまでたっても心を開くことができずに苦しむことになってしまうのだ。

しかし、一番心地よい距離感は人それぞれで、マニュアル化できるものではない。何度も会ったり話をしたり、失敗を繰り返しながら見つけていくしかないのだ。

「ヤマアラシのジレンマ」とは適度な人間関係の距離

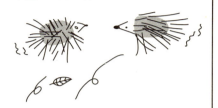

ある冬の寒い日、
ヤマアラシのカップルが
お互いを温め合おうとしたが…

離れると寒くなってしまう。

くっつきすぎるとお互いの
トゲで相手を傷つけてしまい、

2匹は何度も試みながら、
お互いを傷つけず、適度に
温め合える距離を見つけ出した。

——フランスの哲学者ショーペンハウアーの寓話

「自己の自立」と「相手との一体感」とのジレンマのこと

＝

人間は近づきすぎるとエゴがぶつかり合う生き物？

● SNSでヤマアラシのジレンマは解消できる？

　ネット上で他人とつながれるSNSは、物理的な距離を置きながらさまざまな人とコミュニケーションすることができる。
　しかし、人間関係は物理的な距離だけでなく、お互いの心の距離感がいいバランスを保っていてこそうまくいく。自由に送れるからといって、相手の都合や気持ちを汲み取らずに自分勝手なメッセージを送りつけていれば関係はこじれ、ますますジレンマに陥るはめになってしまう。
　やはり、SNSだけではお互いを温め合うちょうどいい距離感を見つけるのはむずかしいのだ。

誰も教えてくれない心の読み方 [応用編]

● 「とりあえず」ばかり言う人にはご用心

　そもそも「第一に」「すぐに」という意味で使われていた「とりあえず」という言葉だが、今では「ひとまず」「今のところは」という間に合わせの意味で使われることが多い。この「とりあえず」を連発する人は、何ごとにもいい加減なタイプである。物ごとを真剣に考えておらず、その場さえしのげればいいと考えている。重要なお願いごとをしても「とりあえず了解！」なんて軽い返事を返されて、実際には真面目に取り組んでくれない可能性が高いのだ。

● 性格を知るにはプライベートな会話での一人称をチェック

　ビジネスでは「私」という一人称を使っている男性も、プライベートでは「俺」や「僕」を使うことが多い。その点、プライベートでも「私」を使い続ける人は自分を必要以上に立派に見せようとしている人だ。一方で、「俺」はサバサバとした性格で社交的なタイプで、「僕」は甘えん坊でわがままなタイプに多い。また、女性が「アタシ」と言ったり、大人になっても自分を名前で呼んだりするのは、依存心が強く子どもっぽい性格の表れである。

● 「〜みたいな」が口癖の人は物ごとをあやふやにしたい！?

　「〜みたいな」や「〜とか」という言葉が口癖になっている人がいる。あえて「〜みたいな」「〜とか」とつけなくてもいい場合にも、この手の言い回しを使ってしまうのだ。こういう人は、何ごともあやふやにぼかすことで人間関係を円満にしたいと望んでいる。物ごとを突き詰めれば、相手と衝突することもある。それを避ける

ために、当たり障りない言葉を選んで周囲から嫌われないように自己防衛しているのである。

●いつもグチばかり言う人は自分に甘い

　いつもグチばかり言っている人は、他人に厳しく自分に甘い傾向がある。グチを言うのは、自分の思い通りにならずに周囲を責めているからだ。こういう人は、自分は悪くないのに周囲が悪いという考え方が染みついているのである。そのうえマイナス思考で批判的なので、一緒にいるとこちらまで気持ちが落ち込んでくることになる。グチを適当に聞き流すか、ある程度の距離をとってつき合うのが得策である。

●理不尽なクレームへの対処法は？

　仕事をしていると、思いもよらないクレームを受ける時がある。相手の怒りをできるだけ早く鎮めるためには、どんなに理不尽なクレームでもいかにも大問題であるかのように丁重に扱うことだ。理不尽な苦情を言ってくる人は、相手が困っているのを楽しんでいるような一面もある。その欲求を満たしてあげて相手の気持ちが落ち着くまで、こちらは深刻さを装ってただひたすら謝罪しながら話を聞くことである。

●あえて視線を外すのはなぜ？

　アイコンタクトはコミュニケーションの基本である。誰かがチラチラとこちらに視線を送ってくるようなら、それは親密になりたい、つながりを持ちたいという気持ちの表れだ。また、打ち解けたと思った頃にあえて視線を外してくる時は、もっと親密になりたいというサインだと考えられる。アイコンタクトで生まれた"つながり"を急に消して、今度は相手から近づきたいという気持ち

にさせようとしているのだ。

●反対意見しか言わない人は自尊心が強い

　会議などで自分からは発言しないくせに、他人の発言には手厳しく反対意見ばかりを言う人がいる。こういう人は自尊心が強いタイプである。自分から意見を言わないのは、反対意見が出て人前で恥をかきたくないからだ。しかし、他人に対しては優位に立ちたいので、他人の意見には攻撃的になって批判するのである。このタイプの人が反対してきたら「では、ご自分の意見をお聞かせください」と質問するといい。

●1回目を断ると魅力は格段にアップする

　人はすんなりと手に入れたものよりも、苦労して獲得したものに魅力を感じるものだ。これは人間関係にも当てはまる。デートの誘いをする時に、最初からすんなりOKをもらった場合と、1回目に「その日は予定があるから」と断わられてから2回目に「この日ならOKよ」と承諾してもらった場合では、後者のほうが格段に気持ちが盛り上がる。一度拒絶されたことで獲得欲求が膨らみ、相手をより魅力的に思うようになるのである。

●話しかけるタイミングは10秒以内が効果的

　待合室や新幹線の席などで見知らぬ人と隣り合わせになった時に、相手に話しかけたいと思うなら座ってから10秒以内が効果的である。話しかけようかどうかと思い悩んだ挙句、時間が経ってから話しかけても怪しまれるだけだ。一方で、着席してから10秒以内だと、それほど不審がられずに会話を始めることができる。見知らぬ人との相席で気まずい空気が流れるのが苦手な人は、この10秒のタイミングを逃さないことだ。

●その緊張は「デッド」な空間の仕業かも!?

　　　人の心理状態は、空間や音などに敏感に支配される。たとえば、取引先の特別な応接室に通された時などに自分の声がいつもより小さく、自分の声ではないように思えて焦ってしまうことがある。これは単に緊張しているだけではない。豪華な応接室は絨毯なども高級で、防音効果も高い。音響的に響きの少ない、いわゆる「デッド」な空間なのだ。このような場所ではふだんとは違う自分の声と、静かで響きのない空間に戸惑い、緊張がさらに増してしまうのだ。

●助けたことで相手を好きになってしまう心理メカニズム

　　　特に好きでもない相手が困っていたとする。協力を求められたので手助けしたところ、それ以来その人のことが気になってしかたがない。こうした心理は「認知的不協和」が引き起こすものだ。自分の気持ちと行動が一致していないと、不協和が生じて落ち着かない気分になるのである。好きでもない相手を助けたことで矛盾が生じて心地悪いので、助けたという行動に気持ちを一致させようとしていつの間にか相手を好きになってしまうのである。

●暗闇で視線を固定させれば口説きやすい

　　　人は一点を見つめると、思考が停止しやすい性質がある。たとえば、権力者がスピーチする時には壇上にスポットライトを当てて、聴衆の視線が釘づけになるように演出されている。視線を固定して思考力を奪い、一種の陶酔状態になるように仕組まれているわけだ。さらに暗闇ではよけいに神経が研ぎ澄まされて、この効果が増大する。気になる相手を口説きたいなら、夜の街灯の下な

ど自分に視線が集中しやすいスポットを選ぶことだ。

● **抱いているコンプレックスは悪口から読み取れる**

　　親しい同僚と飲み会の席などではほかの同僚の悪口で盛り上がることもあるが、そうした悪口から相手がどんなコンプレックスを抱いているのか読み取ることができる。たとえば、「あいつは器が小さい」と同僚の愚痴や悪口を言っている場合、いわゆる「同族嫌悪」で自分自身がコンプレックスに感じていることを相手に投影していることがある。そうやって陰口を叩いている本人こそ、器が小さい可能性が高いのだ。

● **相手に「イエス」と言わせる頷きの効果**

　　話している時に、相手が「うん、うん」「そうだよね」と頷きながら熱心に聞いてくれると嬉しくなって雄弁になれるものだ。次に相手が話し始めた時には、お返しにこちらもきちんと耳を傾けたくなる。もし相手から「イエス」を引き出したいことがあれば、この頷きの効果を利用するといい。頷きながら熱心に相手の話を聞いたあと「この件、こうしたいんだ」と本題を切り出せば、「うん、うん。それいいね」と頷き返してくれるはずだ。

● **やる気を出させるにはあえて「やるな」が効く!?**

　　やる気がない人に、いくら「早くやれ」「頑張れ」と言っても効き目がないことがある。こういう人には、あえて「やるな」というほうが効力を発揮する。なぜなら、人は禁止されるほど欲してしまう心理が働くからだ。甘いものを食べてはいけないと思うと、よけいに食べたくなるのと同じである。だから、やる気がない人には「その仕事、もうやらなくていい」「できないなら担当から外れていい」と言えば、慌ててやる気を出すにちがいな

い。

● やたらと褒める人には嫉妬心が隠されている !?

　　お世辞だとわかっていても、褒められれば誰でも気分がいいものだ。しかし、やたらと褒めてくる人には注意が必要である。人は自分にとって受け入れがたい感情が生じた時に、正反対の言動をとってその感情を抑え込む。これを「反動形成」というが、過剰な褒め言葉の裏には嫉妬心や敵意が隠されている場合がある。表面的にはヨイショしながら、内心ではドロドロとした黒い感情が渦巻いていることもあるので気をつけよう。

● 「要求水準」で相手の自信度を見極める

　　相手がどれだけ自信を持っているかは、「要求水準」に着目すると見極めやすい。要求水準とは、与えられた課題をどこまで達成すれば主観的に満足するかということだ。ある課題を70％クリアした場合、「7割も達成した！」と思う人もいれば、「7割しかできなかった」と感じる人もいる。要求水準は高いほど自信があるといわれるので、「自分は7割以上の実力があるはずなのに…」と不満を感じている後者のほうが自信家だということだ。

● 親指にはその人の心理がよく表われる？

　　親指を立てるしぐさは「いいね」や「OK！」を表すのに使われるが、指の中でも親指にはその人の心理がよく表れる。両手の指を組んだ時に、親指を外に立てた状態なら、それは気持ちがポジティブになっているということだ。一方で、指を組んだ時に親指が手のひらの中に入っている場合は気持ちがネガティブな状態にある。また、ズボンのポケットに親指を引っかけているのは消極

的なイメージを持たれるので注意したほうがいい。

●収集癖が治らないのは「サンクコスト効果」のせいだった

　すでにたくさん集めているのに、コレクションをやめられない人は多い。同じ趣味の仲間とコレクションを自慢し合うなど、コレクターにとってはコミュニケーションツールのひとつでもあるからだ。また、収集し続けてしまうのは「サンクコスト効果」のせいもある。サンクコスト効果とは、すでに支払ってしまった費用のことだ。これまで収集にかけた費用や労力を考えると、おいそれとはやめられなくなっているのだ。

●性格がわかりにくい人とは裸のつき合いをしてみる

　いつも冷静沈着で表情をあまり表に出さない人は、何を考えていて本当はどういう性格なのかわかりづらいものだ。こういう人の本性を知りたいと思ったら、食事や酒、カラオケ、ゴルフなど、仕事抜きの裸のつき合いに誘ってみるといい。酒が入ると仕事では見せない意外とお茶目な素顔を覗かせたり、カラオケで思いがけないレパートリーを披露したりと、人間味のある一面を垣間見せてくれるかもしれない。

●優柔不断な先延ばしタイプに効く"最後通牒"とは

　「時間がない」「忙しい」などと言っては先延ばしにする人がいるが、これは単に優柔不断なだけである。何かと理屈を言い立てたり、理由をつけては「これから先、もっといいことがあるのではないか」と、見えもしない未来を想像していたりする。こんな人が仕事の同僚だったらとんだとばっちりを受けることになるので、「これ以上、時間を無駄にするのならば、おつき合いもこれまでということになりますが…」などと最後通牒を突きつ

けるといい。

●威張る人が快感にひたる持ち上げ方とは

　　カラ威張り、虚勢を張る、肩で風を切る…。威張り方にもいろいろあるが、じつは威張っている人ほど褒められることに弱かったりする。心理学的には小心者で、威張ることで自分の存在価値を再確認し、またそうしていないと不安になるからだ。こんな相手と作業を一緒にする時は、「発想からして違いますね」とか「モテませんか」などと褒めまくると、それが快感に変わっていくから不思議だ。

●つい時計を見る人との上手なつきあい方とは

　　時間があるにもかかわらず、ついクセで時計を見る人がいる。しかも、腕時計をしているにもかかわらず机の上に時計が置いてあったり、スマホを置いたりする。この手の人は野心家で、上昇志向が強い人に多い。時間に追われているという切迫感を常に持っているので、このタイプと会う時は遅刻はもってのほかだ。打ち合わせをする時ものんびりした口調は避け、短時間でサッと切り上げるのがコツだ。

●自分を下の名前で呼ぶ女性は相手にしないに限る!?

　　いくつになっても、公の場でも「○○子はね…」と下の名前で自分を呼ぶ女性がいる。このタイプは、自分を「守ってもらいたい」という甘えの意識を根強く持っており、それを真に受けて優しい顔をしてお願いごとを聞いていると、そのうち保護者のように頼られてしまう。本人との関係が薄ければ最初から相手にしないことだが、何らかの関係があってもここは深入りせずにクールにつき合うといい。

Column 2 夕べ見た夢について

空飛ぶ夢、落ちる夢…には何が隠れている？

世界中の多くの人が見ている夢がある

夢の中には、場面や状況は異なってはいても、多くの人が同じようなものを見たという夢がある。

たとえば、空を飛ぶ夢や高い場所から落下する夢などがそうだ。じつは、このような夢は「類型夢」といわれていて、世界中の多くの人が一度は見たことがあるのだ。

国籍や人種を問わず多くの人が見る夢には、やはり何か共通する意味があると考えられている。

じつは、空を飛ぶ夢の解釈はフロイトとユングで大きく異なっている。

人間の無意識の領域には幼児期の性的コンプレックスが抑圧されていると考えていたフロイトは、空を飛ぶ夢というのは性欲の高まりと解釈した。つまり、欲求不満の表れであるというのだ。

一方で、ユング派の分析心理学では、気分が高揚していることの表れだとされている。自由を求める欲求が強い時や、高みをめざしたいという気持ちが高まっている時に空を飛ぶ夢をみるというのだ。

夢は自分が抱えている欲求や感情を表している

高いところから落ちるというのも、けっして珍しい夢ではない。目覚めた瞬間に、体が引力にひきつけられるように落ちていく感覚が残っていることもあり、あまりのリアルさに寝汗をかいていたという人もいるだろう。

このような落下する夢については、何かを失ったり失敗したりするのではないかという心配が表面化しているといわれる。

今、自分に起きている状況に当てはめてみると、なるほどと納得できる部分があるのではないだろうか。

Chapter 3

「こころ」のメカニズム、これだけは知っておこう

深層心理
そもそも「深層心理」とは何のこと？

ジークムント・フロイト
オーストリアの精神分析学者

**人間の精神構造の中に「無意識」
という領域があることを発見した**

■ 人の心にある無意識という名の領域

　長電話をしている最中、手元にあったメモ帳に意味不明の図形や文字を書きなぐっていたという経験は誰にでもあるだろう。

　こんな場合は書いた記憶はあっても、メモをする行為や中身については無意識であることが多い。心理学においてこの「無意識」を発見したのは、ジークムント・フロイトである。

　フロイトは、本人が意識しておらず、またその存在にすら気づかないような心理を「無意識」と説明した。そして、人間には本人が意識しない無意識下の心のプロセスがあり、それが個人の行動に影響を及ぼすのではないかと考えたのだ。

　この意識されていない心の領域を研究するのが「深層心理学」だ。

　深層心理学は、その立場の違いによって、さまざまな学派に分かれることになった。フロイトは精神分析学、ユングは分析心理学、アドラーは個人心理学と名づけている。

「こころ」のメカニズム、これだけは知っておこう

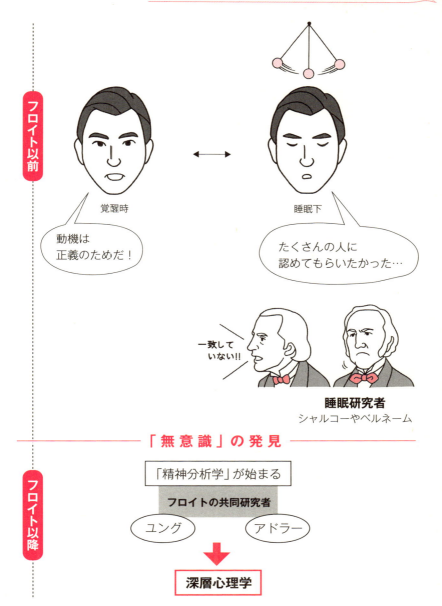

　無意識の発見は、フロイト以前とそれ以降に分けられる。フロイトの前にも、シャルコーやベルネームといった研究者たちが催眠療法などで無意識の存在に気づいていた。そして、フロイト以降はユングやアドラーをはじめ、さまざまな研究者がこの分野を発展させていく。

意識と無意識
本人も気づかない「意識」は三層構造だった！

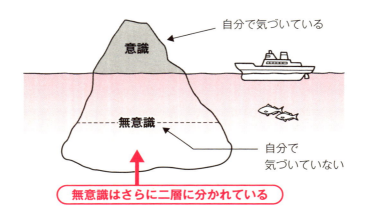

意識は氷山にたとえられる

■「意識」は氷山の一角である

　よく大きなモノの一部を指して「氷山の一角」などというが、これはいうまでもなく、海面に出ている氷は氷山のほんの一部という意味だ。ほかの大部分は海の中にあって見えない様子をたとえた表現である。
　人間の意識は、しばしばこの氷山に置き換えて説明される。
　海面に出ている部分が「意識」、そして海中に沈んでいる部分が「無意識」である。
　これについての研究はフロイトとユングが有名だが、いずれの説も無意識はさらに二層に分かれており、全体では三層構造になっている。
　ちなみに、ユングはフロイトの弟子で共同研究者だったが、考え方の違いからフロイトの元を去った経緯がある。
　この三層構造においても、無意識の二層については両者に解釈の違いがみられるのが特徴だ。

「こころ」のメカニズム、これだけは知っておこう Chapter 3

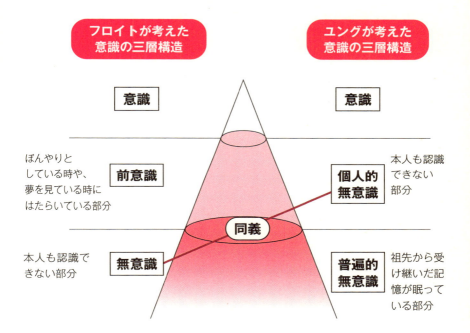

フロイトが提唱した「無意識」

　フロイトは三層構造を「意識」「前意識」「無意識」で定義した。
　前意識は、ふだんは忘れているが思い出そうとすれば思い出せる、あるいは意識的に習得しようとしていたものが自然にできるようになった時のことを指す。
　意識と無意識の中間的役割を果たし、おもにぼんやりしている時や、夢を見ている時にはたらいているとされる。
　そして無意識は、自らが認識できていないもので、いわば意識から締め出されたもののことだ。激しい恐怖に襲われた時などや、何らかの精神分析が行われた時にしかその中身を知ることはできないとされている。

ユングが提唱した「無意識」

　ユングは二層に分かれた無意識を「個人的無意識」と「普遍的無意識（集合的無意識ともいう）」に区別した。
　個人的無意識とは個人の経験に関する領域で、ふだんは抑圧されている。フロイトの「無意識」と同義と考えていい。
　一方の普遍的無意識は、個人的無意識を超えた人類に共通する心の層のことだ。
　親や祖先から継承された記憶で、たとえば世界中の人が共通してヘビを怖がるのは、人類が大昔からヘビを恐れていたことが、この普遍的無意識に刻まれているからだという。

間違い、失敗に隠されている本音とは？

■ 開会を「閉会」と言った議長の本心

　仕事で疲れて自宅に帰ったら妻に満面の笑みで「いってらっしゃい」と出迎えられた。妻は言い間違いを笑ってごまかしたが、この笑顔に騙されてはいけない。フロイトによればこうした間違い（錯誤行為）には本音が隠されているという。

　つまり、妻の深層心理にはどこかで夫に帰ってきてほしくないという思いが眠っているかもしれないのだ。

　また、こんな例もある。ある議長が、議会の開会を宣言する時に、なぜか「ここに閉会を宣言します」と言ってしまった。

　この時、議会は難題を抱えていた。そこで、いざ開会を宣言する時に心の奥底にある「早く終わらせて帰りたい」という本音が漏れ出たというのである。

　言い間違いや書き間違いには、自分も知らない正直な心が表れることがあるのだ。

抑 圧

嫌な記憶が心の中に残ってしまうメカニズム

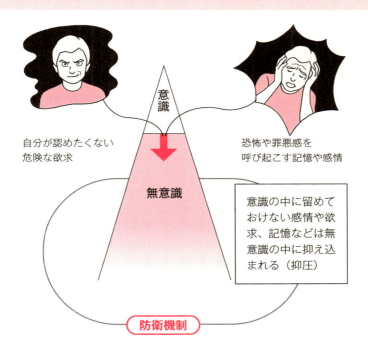

■ 無意識の層に閉じ込められた記憶

　誰でも嫌な記憶は早く忘れたいと思い、そして実際に思い出さなくなることもある。そこには自我の防衛機制のひとつである「抑圧」という心理作用がはたらいている。

　抑圧とは、自分の意識が認めたくない欲求や忘れてしまいたい過去の傷などを無意識の中に閉じ込めてしまうことだ。

　たとえば子供の頃にいじめに遭い、辛い経験をした人が、その記憶を無意識へと追いやったとする。ふだんはその過去を思い出すことはないが、似たようなシーンに遭遇したり、心の傷に触れられたりすると、とたんに記憶がよみがえる。蓋をしていた記憶が急激にフラッシュバックして意識の層へと戻ろうとするからだ。

　記憶は消滅したわけではなく、無意識の中に閉じ込めただけなので、いつまでもそこに居座っている。抑圧のおかげで人は辛さを忘れて生きていけるともいえるのだ。

夢の自己分析
「夢」を自己分析すれば、自分がわかる！

深層心理を知ると自己支配できる

自分の深層心理を知る
＝
自己分析
▼
自己支配を得る

■ 意識に戻ろうとする無意識＝「夢」

　睡眠中に見た夢を覚えている人、覚えていない人さまざまいるだろうが、どんな人でもひと晩に3〜4回の夢を見ている。そして、フロイトによれば夢は無意識の表れだという。

　覚醒時に人間を支配しているのは意識、すなわち自我である。この自我に抑圧された意識は無意識の層に追いやられるが、睡眠時には自我が薄れるために意識の力が低下する。

　そうすると無意識が力を増してきて、封印されていた無意識の中の願望や欲求が夢となって出現するというわけだ。

　その分析方法についてフロイトは、夢を手掛かりに潜在的な願望をひもといていく手段を構築した。またユングは、夢を見た人に自由に連想させ、そこから夢に現れたものの意味を探る方法を模索している。

　そして、新フロイト派の女性精神分析家カレン・ホーナイは、夢を元に自由連想することで自己分析できるとした。

ホーナイの自己分析

ホーナイの理論

人間の葛藤の根底には、「理想化された自己を生きる心性」と「真の自己」との間の葛藤がある

カレン・ホーナイ
新フロイト派の精神分析家

自由連想では、理屈に合わないとか、まぬけだとか恥だとか思わないこと

自分を知ることへの意欲や、勇気を持つことで深層心理に近づける

自己分析の方法

見た夢を元に自由に連想する → 心に浮かんできたことをあますことなく書き出す → 結果を受け止め、自分自身と向き合う

● **夢で自分を確認してみる**

　自分の見た夢で自己分析する方法がある。この自己分析法はカレン・ホーナイが提唱したもので、やり方は簡単だ。
　まずは見た夢をできるだけ詳細に思い出す。次に、夢の中に出てきた登場人物や風景、シチュエーションから連想できることを自由に書き出してみる。そして、そこに連想されたものと今までの記憶や経験と照らし合わせる。
　この時、封印したいような嫌な記憶もできるだけ思い出すようにするのがポイントだ。
　最後は、こうやって出た結果とじっくり向き合う。そうすれば"今の自分"の無意識層にあるものがわかってくるのだ。
　夢は忘れやすいので、できるだけ起きてすぐ書き出したほうがいいのはいうまでもない。

ウソをつくと、どうして「心が痛む」のか

脳のはたらきと心理現象の関係

ウソをついてしまった…

ココロが痛い…

脳のはたらきがダイレクトに体に伝わっている

■ 心の痛みは脳のはたらきで説明できる

　人間は心と身体でできている。では「心」とは何か。それを考えた時、脳のはたらきを無視することはできない。

　たとえば、何かの拍子にウソをついてしまい、あとからひどく後悔して心が痛むことがある。心が痛むというのは感情表現のひとつでもあるが、その感情は、認知や思考、そして情感をもつかさどる脳によって生み出されている。

　脳はウソをついたという事実を認識し、それによる感情がストレスとなって神経や肉体を圧迫するのだ。

　繊細な人ならウソをついた相手を見るたびにドキドキしたり、食欲を失くしたりもするだろう。こうしたあらゆる不調は心の痛みと無関係ではないのである。

　脳に関してはまだまだ解明されていないことが多いが、今のところ「心」を最も明確に説明できるのは「脳」であるといえる。

Chapter 3 「こころ」のメカニズム、これだけは知っておこう

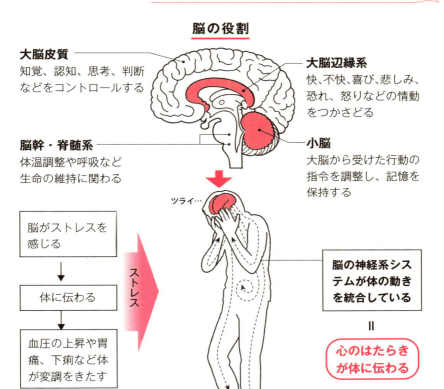

脳の役割

大脳皮質
知覚、認知、思考、判断などをコントロールする

大脳辺縁系
快、不快、喜び、悲しみ、恐れ、怒りなどの情動をつかさどる

脳幹・脊髄系
体温調整や呼吸など生命の維持に関わる

小脳
大脳から受けた行動の指令を調整し、記憶を保持する

脳がストレスを感じる
↓
体に伝わる
↓
血圧の上昇や胃痛、下痢など体が変調をきたす

ツライ…

ストレス

脳の神経系システムが体の動きを統合している

＝

心のはたらきが体に伝わる

●心の痛みにも鎮痛剤が効く？

「恋の病は医者でも治せない」というように、心の痛みはあくまで心理的なもので、手術や投薬で治せるようなものではないというのは世の中の常識だ。

ところが、アメリカの科学的心理学会は、心の痛みに鎮痛剤が少なからず効果をもたらすという研究結果を発表している。

心の痛みと身体の痛みを処理する時の脳のはたらきは、複数の脳のはたらきが共通している部分が多い。つまり、心の痛みを感じた時と身体に痛みを感じた時では、脳の活動パターンが酷似しているというのだ。

実際、心に傷を負った人たちに3週間鎮痛剤を投与したところ、心の痛みを訴える人が少なくなったという研究もあるようだ。

今はまだひとつの成果に過ぎないので、安易に市販薬を服用するのはNGだが、将来的には「失恋の痛みに効く！」などというキャッチフレーズの鎮痛剤が登場するかもしれない!?

脳と心
そもそも脳と心はどんな関係にある?

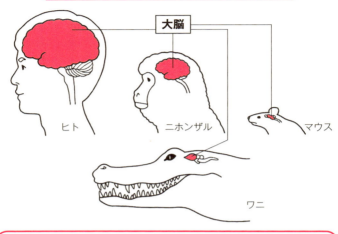

他の生物に比べて人間の大脳は大きい

ヒト / ニホンザル / マウス / ワニ / 大脳

人間は大脳が発達したことによって思考や情動が豊かになった

■ 想像以上に複雑な脳のしくみ

　脳を持つ生き物は人間だけではないが、考えたり、悩んだり、喜びや悲しみを感じ取ったりするのは人間だけである。
　その理由は、長い年月をかけて発達した大脳だ。これによって、人間は喜怒哀楽などさまざまな感情を得たのである。
　その証拠に、人間の大脳は他の生物よりも大きい。サルが100グラム程度なのに対し、ヒトは1200〜1500グラムもあり、20歳くらいまでは成長が続くといわれている。
　思考や感情を豊かにする大脳と心が密接な関係であるとすれば、成長過程で育まれる感受性などは、その人の心根の部分に大きく影響を及ぼすといえそうだ。
　とはいえ、脳の中の機能はきっちりと役割分担がされているわけではない。感情処理ひとつをとってもいくつかの機能が協力し合っている場合がほとんどで、そのしくみはじつに複雑なのだ。

左右の大脳の機能とは

大脳は上から見ると2つに分かれている

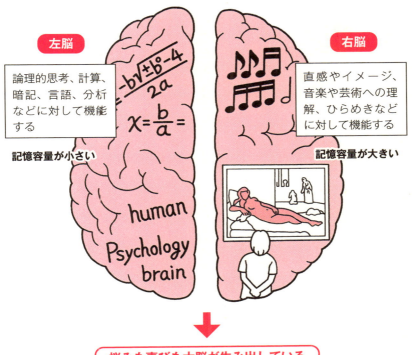

左脳
論理的思考、計算、暗記、言語、分析などに対して機能する

記憶容量が小さい

右脳
直感やイメージ、音楽や芸術への理解、ひらめきなどに対して機能する

記憶容量が大きい

→ 悩みも喜びも大脳が生み出している

●男と女ではこんなに違う！ 脳の意外な男女差

　右脳、左脳とともに、性格づけの話題でよく出てくるのが「男脳」「女脳」という言葉だ。
　ペンシルバニア大学の神経学医ラギニ・ヴァーマ氏の調査によると実際、脳は男女でかなり違いがあるようだ。構造そのものも男は右の大脳より左の大脳のほうが大きいが、女性は左右の大きさに違いがないという。

男
・情報処理能力や空間認識力が高い
・ひとつのことにしか集中できない
・ストレスを怒りで解消しようとする

女
・感情を読み取る能力が高い
・複数のことを同時並行できる
・ストレスをおしゃべりで解消しようとする

「五感」って何？ 「第六感」はあるの？

■ 感覚がもたらす心のバランス

　後ろから両目を隠され「だーれだ？」とやられた経験がある人は多いだろうが、その時に感じるのは言いようのない不安感である。

　人間には「視覚」「聴覚」「嗅覚」「触覚」「味覚」の「五感」がある。そして、これらが合わさって得られるものが「感覚」だ。

　人は9割の情報を視覚で得るといわれている。目隠しされた時に起こる不安はそれが遮断されたことによるものだが、もちろんこれは視覚に限った話ではない。

　たとえばイヤホンで聴覚がふさがれている時や、風邪をひいて嗅覚や味覚がおかしくなっている時など、感覚的なバランスが失われると、人は心理的な動揺を引き起こす。

　一方で、大音量のコンサート会場に長い時間いると、しだいにうるさく感じなくなるように、慣れで順応できるのもまた感覚の特徴のひとつでもあるのだ。

感覚をキャッチしているのは神経細胞

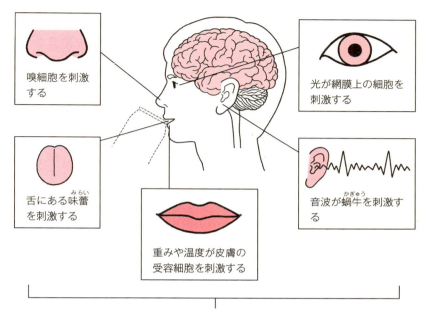

各器官からの情報が脳に伝わり、
「冷たい」「まぶしい」などの感覚が生じる

● 「第六感」は存在するのか？

　たとえば、人が来ることを知らされていないのに間もなくドアがノックされることがわかる、電話のベルが鳴る前に電話がかかってくることを言い当てる。——このような、いわゆる"虫の知らせ"を感じ取る力のことを「第六感」などというが、これは五感と同じように感覚のひとつとして誰にでも備わっているのだろうか。

　第六感については、さまざまな専門家が研究を重ねているが、最新の結論では否定されている。

　メルボルン大学の心理学の専門家であるピアズ・ハウ教授によると、五感で変化そのものは感じているが、状態を特定できない場合に違和感が生じ、それを指して第六感としているにすぎないという。

　「何かいつもと空気が違う気がする」という状態は、脳の情報処理が間に合っていないだけということだ。

サブリミナル効果
おさえておきたい「感覚」と「知覚」のフシギ

他にもいろいろあるのに
なぜか「コレ」が食べたくなる

もしかして…
サブリミナル効果？

■ 知識や経験を動員して導き出す知覚

　たとえば幼児に100円玉を与えても、「堅い」「丸い」と感じるだけだが、成長するとお金だと認識するようになる。
　ここには「感覚」と「知覚」の違いがある。感覚は五感から得るものだが、知覚はその情報をもとに自らが導き出す答えのようなものだ。
　100円玉を100円の価値があるお金だと認識できるのは、「誰かにお金だと教えられた」とか「お店でこれを出すとお菓子が買えた」といった、過去の知識や経験を瞬時に引っ張り出しているからである。
　さらに知覚が感覚と大きく異なるのは、心理的な作用が多分にはたらくことだ。自分ではその情報を知覚している意識はないのに、神経が情報処理をして何らかの影響を及ぼすのだ。
　自分では見た覚えがないのに、視覚が勝手に認識してしまう「サブリミナル効果」などはその典型だろう。

「感覚」と「知覚」は何が違う？

感覚＝生理的なもの　　　　　　　　　　　**知覚＝心理的なもの**

ただの白と黒の
点の集まりだが…、
なにかいるような…
（感覚情報）

あ、犬だ！
ダルメシアンだ!!
（知覚）

感覚情報の中から情報をより分けて特定している

ほかにも…

ざわついた会場で自分
の噂話だけが耳に入る
＝
カクテルパーティ効果

目の前を猛スピードの車が走って
いくと、車の像がブレて見える
＝
残像現象

●知覚に与える心理的効果

　心理的効果が知覚に及ぼすものの代表といえば、上の図にもあるように「残像効果」だ。
　花火をずっと見続けていると、真っ暗闇の中にも花火の輪がぼんやり見えたりする。また、猛スピードで走る車のフォルムがブレて見えるなどというのも、この効果の一例だ。
　さらに、ざわざわしている場所で自分の噂話や好きな人の声だけが聞き取れることを「カクテルパーティ効果」という。これは「選択的知覚」と呼ばれるもので、自分の関心のあることだけを選別できるという現象である。

記 憶

音や匂いから昔の記憶が突然よみがえるワケ

記憶とは何か

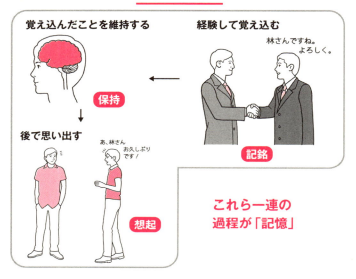

■ 記憶の入口にあるのは「感覚」

　脳の役割のひとつに「記憶」がある。ただし、ひと口に記憶といっても種類はさまざまで、掛け算の九九や歴史の年号のように、暗記したものを長い間留めておくものもあれば、その場限りの人の名前など短期的に留めておくものもある。

　泳ぎ方や自転車の乗り方などは体が勝手に覚えているように感じるが、これも実際には脳が記憶していて体にそのやり方を伝えているのだ。

　いずれにしても、記憶の入口にあるのは「感覚」で、そこから短期、そして長期保存へと移行していく。たとえば、ある花の香りで初恋の気持ちを思い出したり、母親の手料理を久しぶりに食べて無性に子供の頃が懐かしくなったりする。

　このように感覚が記憶を呼び起こし、心に何らかの感情が湧き上がることもある。そのメカニズムのベースはやはり脳なのである。

経験はどこに記憶されているのか

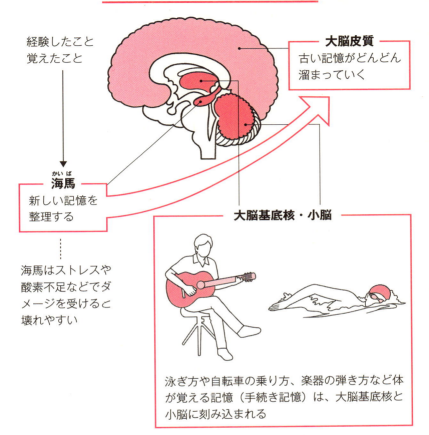

●「老化とともに記憶力は衰える」は本当か？

　年をとると物忘れが激しくなるというが、果たして本当なのだろうか。じつは近年の研究では、加齢と記憶力の低下に関連性はないとされている。
　2005年、オランダの女性が115歳で亡くなった。死後、女性の脳を調べたところ、脳の機能は若い人のそれに比べて何ら衰えていなかったという。
　子供と大人とでは経験の数、時間の感覚などが大きく異なる。一度記憶しても使わない情報は、大人は子供以上に情報が頭に入っているため、引き出すのに時間がかかるのだ。
　また、若い人よりアウトプットの機会が減るため、高齢者は物忘れが目立つだけなのだ。

本能行動

生き物が持っている4つの「本能行動」の謎

本能行動とは

外部からの刺激に対して引き起こされる反射的な行動

＝

遺伝子にセットされている

動物は本能的に食べられる物かどうかを判断している

■ 大脳の発達で変化した人間の本能

　自分の言動には責任を持ってよく考えてから行動するのが大人の心構えというものだが、生き物には思考や学習などとはいっさい関係なく、身体が反射的に行動する能力が備わっている。それが「本能行動」である。
　これにはいくつかの特徴があり、サケが産卵期になると遡上するのも、どんなクモでも正確に巣を張ることができるのも、それらの特徴で説明がつく。
　人間も、誤って口にした毒を吐き出すとか、子孫を残すための性行為をするなどはそれに近いが、他の生き物と同一のものとはいえない。
　というのも、人間は大脳が発達しているため、行動する前に考えをめぐらせたり、理由を探したり、感情にとらわれたりするからだ。
　外部の刺激がダイレクトに伝わる他の生き物と人間の本能行動は、まったく異質のものなのである。

「こころ」のメカニズム、これだけは知っておこう

本能行動の4つの特徴

①種別性

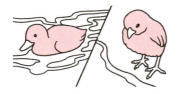

水鳥のヒナは水に入るが、鶏のヒナは水に入るのを嫌がる

②生得性

サケは産卵期が近づくと生まれた川に戻る

③固定性

カモメは二枚貝を割るために地上に落とし続けるが、もし岩に当たって簡単に割れたとしても、それを学習することはない

④不可逆性

ジバチは産卵の時、麻酔で眠らせた青虫を穴に引き入れて青虫の体内に産卵するが、邪魔が入ると続けられなくなる

人間の場合…

食べる
危険を回避する
子孫を残す

→ 後天的に身につけたものがほとんど

● 「母性本能」のウソ、ホント

　女性には潜在的に"母性"が宿っているというのは世間の定説だが、これは真実だろうか。
　18世紀のフランスの学者エリザベート・バダンテールは、女性は自分が生んだ子に対してではなく、自分が面倒を見た子に愛情を注ぐという傾向を割り出し、母性本能は後天的に身につくものであると結論づけた。今では母性本能に限らず、人間の本能はほとんどが後づけだと考えられている。

報酬効果
人間が「ハマってしまう」のには理由がある

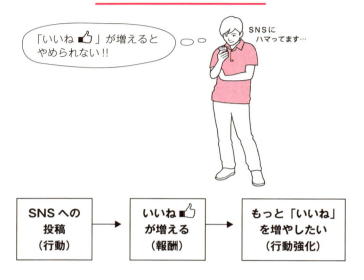

■ 梅干しを見るとなぜ唾液が出るのか

　何かに「ハマる」という経験は人間特有のものだが、これは「報酬効果」という条件づけの行動メカニズムに分類される。
　この分野の先駆けは、心理学者のイワン・パブロフだ。
　たとえば、梅干しを見ただけで口の中には唾液が広がるが、これは、実際に梅干しを口にした時の経験によるものだ。
　本来は、梅干しを見る→食べる→唾液が出る、という順序だったはずだが、何度か繰り返しているうちに、口に入れなくても現物を見ただけで唾液が出るようになったのである。パブロフはこの現象を、条件反射に基づく行動メカニズムのひとつだと位置づけた。
　以後、アメリカの心理学者ジョン・ワトソンらも、いくつかの条件づけによる行動理論を提唱している。むやみにSNSにハマり、家族にひんしゅくを買っている人も、自分の行動原理を知れば冷静になれるかもしれない!?

行動心理学の系譜

19世紀後半

イワン・パブロフ
「条件反射は学習の成果」

食べ物を口に入れると唾液が出る
→ **無条件反射**

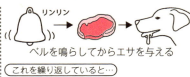
ベルを鳴らしてからエサを与える
これを繰り返していると…

ベルの音を聞くだけで唾液が出る
→ **条件反射**

20世紀前半

ジョン・ワトソン
「生まれてからの経験が人を形づくっている」

人は環境から刺激を受けて行動する

刺激をコントロールすれば、行動を変えることができる
→ **恐怖の条件づけ**

20世紀半ば

バラス・スキナー
「人は自発的に環境に働きかける」

人は環境の中の刺激を求める

試行錯誤を繰り返しながら、学習行動を身につける
→ **オペラント条件づけ**

●スキナーのオペラント条件づけ

　上に挙げた3人の学者だが、パブロフとワトソンの理論が「古典的条件づけ」と位置づけられているのに対し、アメリカの心理学者バラス・スキナーの理論は「オペラント条件づけ」と呼ばれている。
　オペラントという言葉は、オペレーションに由来する。つまり、行動の流れとそれによる変化に基づいて環境に適応する学習行動を身につけることを意味しており、古典的条件づけとは一線を画している。

知ってるようで知らない「欲望」の仕組み

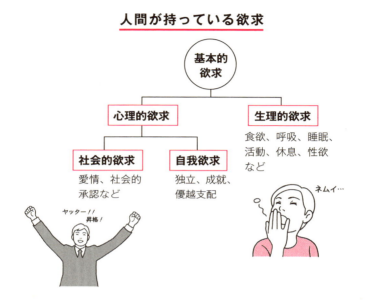

■ 生理的欲求と心理的欲求の違い

　どんな人間にも大なり小なり欲望がある。ただし、大前提として「何か食べたい」「今すぐ眠りたい」という欲求と、「お金が欲しい」「恋人が欲しい」という欲求は分けて考えなくてはならない。
　これは「生理的欲求」と「心理的欲求」の違いである。
　生理的欲求は生命維持と関係があり、恒常性（ホメオスタシス）を保とうとする時に生じるもので、食欲、睡眠欲、性欲がこれに当たるといわれている。
　一方の心理的欲求は、後天的な欲求を意味する。こちらは社会生活や文化、環境などに起因するもので、金銭欲、名誉欲などが挙げられる。
　特に知恵を使って満たそうとする心理的欲求は、基本的に人間だけが持っているものだ。社会生活を営むうえではあって当たり前の欲望なのである。

「こころ」のメカニズム、これだけは知っておこう　Chapter 3

すべての欲求が満たされるわけではない

アメリカを横断したいが
お金とヒマがない

結婚したいが
相手がいない…

欲求が高まると、欲求不満や緊張状態になる

DVDなど映像を見て
その場に行った気に
なる

恋愛や結婚を描いた
本やドラマに浸って
とりあえず満足する

代償的満足

●欲求不満を解消する「代償的満足」の落とし穴

　あって当たり前の欲望でも、それが必ずしも叶うとは限らない。そんな時、人間は別の何かで欲求を満たそうとする。これが「代償的満足」だ。
　「恋人が欲しいができないので、寂しさを酒でまぎらわす」「起業したいができないので、今年は社内でトップになることを目標にする」など、本来の欲求を別の欲求にすり替える心理である。
　だが、これはあくまで一時的な満足でしかない。なぜなら、そこには自分の行動を自分で決定するという満足感が欠けているからだ。
　すると、最初の欲求を妨げられたという不満が残り、むしろそれを取り戻そうとする心理がはたらくのである。こうなると欲求不満はますます募る。本命に振り向いてもらえず、手当たりしだいに異性とつき合う…などというのは、まさにこの負のループに陥っている証拠なのだ。

欲求不満
欲求不満をコントロールするちょっとした方法

■ 欲求不満は自分を追い詰める

　欲求は行動のモチベーションである。だからこそ、満たされなければイライラが募る。まさしく「欲求不満」の状態だ。
　ひと口に欲求不満といっても、「内的原因」と、「外的原因」の2つがある。
　これらに起因するフラストレーションへの対処法はさまざまだが、初めから無理だとあきらめると不満を解消するどころか自分自身を追い詰めかねない。
　「どうせ私なんか」とネガティブな心理に支配され、不満がますます募るからだ。
　これを打開するには、自分が現実的にクリアできる目標を設定し、不満の種をつぶす。これを積み重ねるしかないのだ。
　原因が内的にせよ外的にせよ、自分の心をコントロールできる状況に持っていくことが、欲求不満を攻略する唯一の近道なのである。

高次の欲求
人間の欲求は5段階のピラミッドになっている

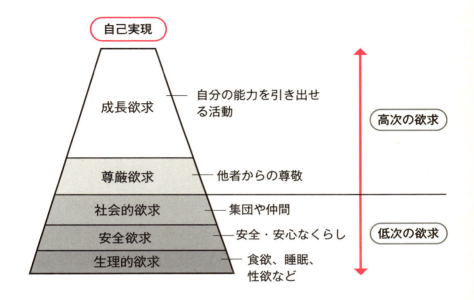

■ さらなる欲求

　人間の欲望にはキリがないというが、その欲望には5つの階層があることがアメリカの心理学者マズローによって提唱されている。

　5層のうちの低い層の欲求は、食べるものに困らず、安心して暮らせる生活を手に入れることだ。こうして衣食住が満たされると、次に人と親しくし、組織に受け入れられたいと望み、さらにそれが達成されると他人や組織から認められたいと望むようになる。

　これらの欲求が満たされると、学ぶことや美しいものを探求したりすることを求めるようになり、それらすべてが達成されると最も上の階層である「自己実現の欲求」にチャレンジするようになるという。ちなみに、マズローは自分の能力を存分に発揮して活躍することを自己実現と定義している。

　つまり、下層の欲求が満たされることが、次の階層に進む動機につながる。そのため、食料や家屋、安全などが満たされていない紛争地域などで芸術や科学の分野が開花することはほとんどないのである。

シンクロニシティ
なぜ偶然の一致は起こるのか

しばらく会っていない友人のことを考えている時に、その友人から電話がかかってくる

星座のようにバラバラに存在しているものをお互いに結びつけて意味を見出す

遠く離れた無関係な場所で同時に発見がある

=

布置（コンステレーション）

=

共時性（シンクロニシティ）

■ 因果的につながっていない共時性の法則

　２つのことが時を同じくして起こり、その２つ間に意味のある一致があること発見し、「シンクロニシティ」（共時性）と名づけたのは、スイスの心理学者ユングだ。

　その歴史的事例のひとつとされているのがリンカーンの暗殺事件だ。リンカーンは劇場で銃に撃たれて翌日の朝に亡くなったが、この事件が起きる直前に自分の体が横たわっている夢を見たと報告されているのだ。

　ユングは万人に普遍的に存在する深層無意識の研究を進めるうちに、因果的にはつながっていない、このような事象が多数起きていることに気づく。そして、これらは何か見えない世界で２つの情動が共鳴して起こるのではないかと考えたのだ。

　また、ノーベル賞物理学者のアインシュタインも夢とイメージが自らの独創性に大きな役割を果たしたと言っている。

　シンクロニシティは科学では割り切れない現象ではあるものの、自分の夢やビジョンが遠くで起きていることと偶然に一致することはめずらしいことではないのだ。

「こころ」のメカニズム、これだけは知っておこう Chapter 3

偶然と呼ぶには極めて確率が低い「偶然」

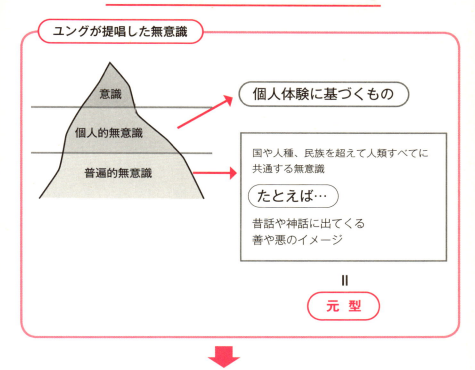

人類一般の心は表面的には個別的であるかのように見えても根本的には交流している

● **ユングの体験したシンクロニシティ**

　精神科医でもあったユングが、頑固な性格の女性のカウンセリングを行っている時、「夢の中に黄金のカブトムシが出てきて…」と女性がふと昨夜見た夢の話を始めた。
　すると、ユングの後ろにあった窓ガラスが「トントン」と音を立てたので見てみると、そこにはカブトムシがいたのだ。
　窓を開けてそのカブトムシを捕まえると、ユングは「あなたが見たカブトムシがここにいますよ」と女性に差し出した。
　すると頑なだった女性が心を開き、精神分析が順調に進んでいったという。

> 反動形成

人は誰でも「防衛機制」を持っている

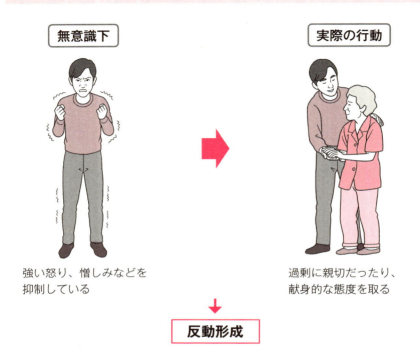

■ 抑え込まれた感情が正反対の行動として現れる

　ストレスは溜まると強いエネルギーになるので、ずっと抱えたままだと心に負担がかかってしまう。

　そこで、人間には感情の「防御機制」が備わっている。これは、不快な気持ちになったり、苦痛な体験をした時にそのストレスを弱めたり、受け流そうとする作用だ。

　しかし、うまくストレスに対処できなくなると、人はその反動で気持ちと正反対の行動を起こすようになる。それを「反動形成」という。

　反動形成とは、自分の中の認めたくない部分を正反対の行動や考え方をすることによって本来の感情を隠そうとすることだ。

　たとえば、劣等感を隠すために傲慢にふるまう人や、好きな子に意地悪ばかりする子供などはその一例だが、もっと深刻になると子供を愛せずに罪悪感を抱えている母親が、その気持ちとは裏腹に溺愛して育ててしまい、子供の心の成長に悪影響を与えてしまうなどの例もある。

人は隠したい感情があると正反対の行動をとる

無意識下に抑圧された強い感情や撃動	実際の行動
親に対して激しい憎しみを抱いている	献身的に親孝行する
再婚相手の連れ子を嫌っている	溺愛して接する
望まなかった子供を産み、罪悪感を持っている	過保護に子育てする

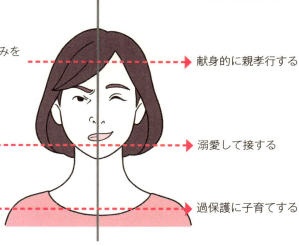

無意識下に閉じ込められて、本人も気づいていない攻撃的な感情を表面に出さないよう、正反対の行動に置き換えることで防衛機制を働かせている

↓ この状態が続くと…

本人
蓄積したストレスが精神をむしばみ、うつや神経症として発症したり、抑圧をコントロールできなくなると攻撃的な感情が爆発する

相手
やさしい反面、過剰に感謝を求められるなどして、精神的苦痛に悩まされる

選択的注意
自分にとって重要だと思う情報が入ってくる

多くの情報の中から眼や耳で必要なものを選んでいる

＝

選択的注意

■ 必要な情報を選んで知覚する機能

　視覚や聴覚、味覚などの人間の感覚は、たくさんの情報から必要なものを選択して認識する機能を備えている。

　たとえば顔写真を見ている時、おでこや頬をじっくり見る人はあまりいない。コンピューターを使った眼球の動きの記録によると、写真に限らず人の顔を見る時は目や鼻、口を見ていることがわかっている、

　これらのパーツは個人の特徴がよく出ている部分なので、そこから情報を得ようとしているのだ。また、パーティーの会場や満席の居酒屋など、かなり騒がしい場所であっても私たちは聞きたい人の話を聞くことができる。これも「選択的注意」のなせる業だ。

　前述の通り、人は頭の中で聞きたい情報を選んで注意を払っているので、音が聞こえにくくても、相手の声の特徴や口の動きを手がかりにして理解することができる。この聞きたい声を聞きとることができる現象は、「カクテルパーティ効果」といわれている。

視覚や聴覚は"刺激"を選択している

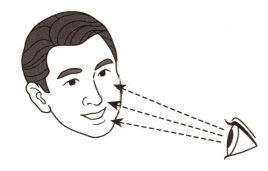

人の顔を見ている時、眼球は他者との区別がつきやすい眼や鼻、口などを固視していることが多い

絵や写真などを見ている時は、その情報の中の異質なものを頻繁に見ている

聴覚は、音が聞こえてくる方向や話している人の声の特徴などを手がかりにして、自分に必要な音を聞き分けている

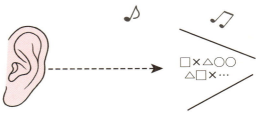

自分にとって重要なものを選択し、それ以外の情報を無視することができる

コンプレックス
「コンプレックス」についての大きな誤解

欲望の裏にはコンプレックスがある

■ 特定の事柄にだけこだわってしまう心理

　日本ではネガティブなニュアンスで使われることが多い「コンプレックス」という言葉は、その概念を提唱したユングによれば「感情と結びついた心的複合体」を意味する。
　ところで、ある特定の事柄について極端に感情的になったり、妙にこだわってしまったことはないだろうか。
　たとえば、友だちの結婚が決まると嫌な気持ちになるというのは、結婚する友人に対して独身である自分が劣っていると感じている証拠だ。
　それゆえ、上司から「結婚の予定はまだ？」などと聞かれると、それを認めたくないばかりに感情的になって怒ったりする。この複雑な心の状態がまさにコンプレックスなのである。
　コンプレックスは劣等感やトラウマから生まれることが多い。すぐに解消することはないので、うまく乗り越えていくことが大切だ。

コンプレックスはなぜ生まれる？

理想の自分

理想と現実のギャップが劣等感を生み出す

自信を失うと劣等感は無意識化される
＝
劣等コンプレックス

代表的なコンプレックス

エディプス・コンプレックス
人間の無意識の中に存在する異性の親への近親相姦願望のことで、フロイトが提唱した。恋敵になる同性の親には尊敬と敵対という、相反する感情を抱く。

マザー・コンプレックス
母親との間に極端な依存関係があり、本人がそれを自覚していない状態のこと。なんでも母親に甘える成人男性に対して当てはめることが多い。

カイン・コンプレックス
ユングが提唱した、兄弟を対象にした嫉妬や憎しみによる心の葛藤。旧約聖書のアダムとイブの息子の名前カインから命名している。

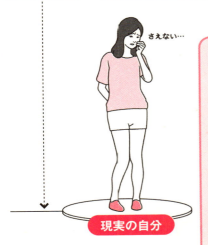

さえない…

現実の自分

● **理想の自分になれないという心のギャップ**

　心理学の世界でいうコンプレックスは理想と現実を比較することによって、心が屈折した状態だといえる。
　そうすると、理想の対象は常に他者（自分以外）にあると勘違いしがちだが、じつは自分自身にほかならない。「もっと頭のいい自分でいたい」「もっとお金持ちの自分でいたい」といった自分の思い描く理想の姿とのギャップからコンプレックスは生まれるのである。

エス・自我・超自我
フロイトは「心」についてどう考えたのか

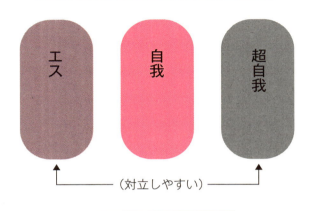

■ 欲求と監視のせめぎ合い

　精神分析学の第一人者であるフロイトは、人間の心について３つの精神機能を持つ領域があると考えた。それが「エス」「自我」「超自我」である。

　人間はどんな時でも自我を保って生きているが、時に抑えきれない衝動や欲求が無意識に湧き起こる。これがエスである。

　一方、それを監視するのが超自我だ。悪いことをしないよう自我を見張り、倫理的、理性的な方向へ導こうとする。当然、子供のような感情が渦巻くエスと、良心ともいうべき超自我は対立しやすい。

　社会生活を円滑に送るには、この両者をうまく調整することが大切だが、どちらか一方に強く引っ張られると、中間領域にある自我の板挟みが激しくなる。

　こうなると心を病み、社会に適応できなくなる。精神のバランスが崩れるのは、自我が保てなくなるからなのだ。

「こころ」のメカニズム、これだけは知っておこう

３つの精神機能の役割とは

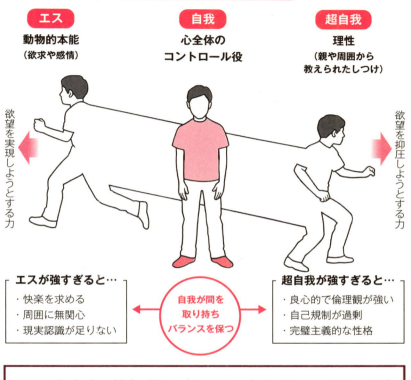

エスと超自我の対立が激しくなると、自我が壊れて精神の健康が損なわれる

●エス→自我→超自我の順で目覚める

　エスは生まれつき心に存在する領域である。「食べたい」「遊びたい」などの欲求はここに属する。
　自我が芽生えるのは２歳頃で、「ボクは」「私は」と自分を主張し始める。そして３歳頃に最後にもたらされるのが超自我で、親や周囲から「片づけなさい」「やめなさい」と理性を教えられ、中学生くらいまでの間に確立する。
　エスと超自我の綱引きは、幼児の頃からすでに始まっているのだ。

メタ認知
自分を客観的に認知する能力を持っている

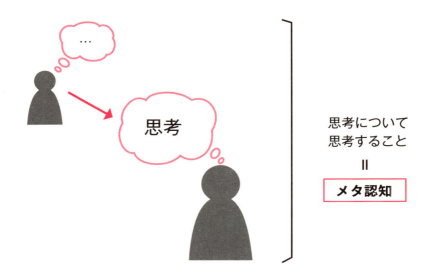

思考について
思考すること
＝
メタ認知

■ 自分の気持ちを想像する能力

　人は、雨が降ってきたのを見て「傘を持たずに出かけた子供が困っているだろう」と心配したり、待ち合わせの時間に間に合いそうにない時に「友人が心配しているだろう」などというように他者が何を考え、どんなことを期待しているかを考えて行動することができる。

　他者についてだけではなく、成長すると自分の「考え」を「考える」こともできるようになる。これを「メタ認知」という。

　5歳児と3歳児を対象にしたこんな実験がある。

　キャンディの箱の中にクレヨンを入れて、「何が入っていると思う？」とたずねると、どちらもパッケージを見て「キャンディ」と答える。

　次に中身のクレヨンを見せて、「クレヨンが入っていることを知らない子供に、この箱を見せたら何が入っていると答えると思う？」と聞くと、5歳児は「キャンディ」、3歳児は「クレヨン」と答えた。

　つまり、5歳児は「きっと友達もだまされるぞ」と他者の気持ちを考えられたが、3歳児にはそれができなかったのだ。

　人間は成長とともに、他人の気持ちを想像できるようになるのである。

「こころ」のメカニズム、これだけは知っておこう

5歳と3歳の子供にキャンディの絵のついた箱を見せ、中に何が入っているかをたずねてみると…

箱の中身はクレヨンだった

次に「箱の中身を知らない子に、この箱の中に何が入っているかと聞くとなんて答えると思う？」と聞いてみると…

友達もだまされるだろうとワクワクした様子で答えた

まじめな表情で答えた

小さな子供は、他人の思考を想像して考えるということができない

他人が自分と異なる考えを持っているということがわからないから

トラウマ
「心の傷」について知っておきたいこと

ふだんは穏やかな人が突然、興奮状態になって泣きわめく。ピエール・ジャネは、ヒステリーの症状を持つ患者の治療にあたった

**この人々は、何か見えない
ものに迫害されている**

↓

**ヒステリー症状を抱える
人の中にあるものとは…？**

「こころ」のメカニズム、これだけは知っておこう

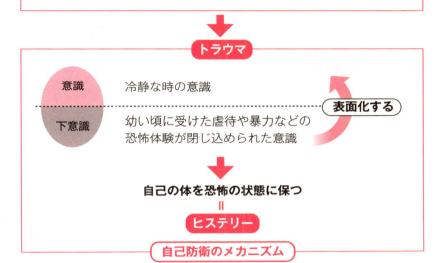

結果
- 乳幼児期に受けた恐怖体験により、患者の中にいくつかの意識が存在している＝ 解離
- その中の意識のひとつである「下意識」に恐怖が残存している

↓

トラウマ

意識	冷静な時の意識
下意識	幼い頃に受けた虐待や暴力などの恐怖体験が閉じ込められた意識

表面化する

↓

自己の体を恐怖の状態に保つ
＝
ヒステリー

自己防衛のメカニズム

ピエール・ジャネ（1859〜1947）

1859年にフランス、パリの中流家庭に生まれたピエール・ジャネは、15歳でうつ病を患い、心の病と闘いながら勉学に励んだ。伯父で哲学者のパウル・ジャネの励ましもあって医学と哲学を学び、ソルボンヌ大学の哲学博士号を得る。39歳の時、神経学の権威といわれたジャン＝マルタン・シャルコーが医長を務めるパリのサルペトリエール病院の研究室に入り、フロイトらとともにシャルコーの研究テーマであるヒステリーについての臨床研究を始める。そこで、心的外傷の意味である「トラウマ」という言葉をつくり、哲学から独立した方法からの心の病の解明に挑んだ。

> 解離
自分が自分でなくなってしまう

1952年にセグペンとクレックレーによって報告された症例

イヴの3つの顔

イヴ・ホワイト
・小ぎれい
・とりすましている
・控えめ

「ひどい頭痛がして、意識がなくなるのです」

「着もしない高価なドレスをいつの間にか買っていて…」

イヴ・ブラック
・ムラ気
・浅はか
・タバコを吸う

「イヴ・ホワイトはクズよ」

「私が一杯ひっかけてくると、彼女は二日酔いで目覚めるのよ」

ジェーン
・度量がある
・憐み深い
・2人のイヴの長所だけを持ち合わせている

「2人のイヴのことを知っています」

セグペンとクレックレーは、ひどい頭痛とともに意識不明になることに悩まされていた25歳のイヴ・ホワイトを治療する。すると、イヴ・ホワイトの知らない2つの人格が現われた。

「こころ」のメカニズム、これだけは知っておこう

結果

・イヴ・ホワイトの症状は、幼少期の虐待が原因
・イヴ・ホワイトは他の2つの人格を知らなかったが、イヴ・ブラックはイヴ・ホワイトを知っていた
・イヴ・ブラックはジェーンのことを知らなかったが、ジェーンは2人のイヴを知っていた

多重人格障害（後に「解離性同一性障害」と名づけられる）

1880年代にピエール・ジャネが研究し、導き出した「解離」を応用した臨床例のひとつ

イヴ・ホワイト　　ジェーン　　イヴ・ブラック

セグペンとクレックレーは14ヵ月におよぶ治療で、催眠術を使って異なる人格を呼び起こすことに成功し、最終的にイヴの3つの顔は「ジェーン」に統合された

コーベット・H・セグペン (1919〜1999)

アメリカのジョージア州で生まれたコーベット・H・セグペンは、第2次世界大戦で軍に入隊した経験を経て、1948年にハーヴェイ・M・クレックレーと出会う。子供の頃から手品に興味があり、「講義をするたびにスタンディングオベーションを受ける教授」としても有名になった。

ハーヴェイ・M・クレックレー (1903〜1984)

同じくジョージア州生まれのハーヴェイ・M・クレックレーは、ジョージア大学、オックスフォード大学を経てジョージア・メディカル・カレッジで教鞭を取り、精神医学科の学科長を勤め上げる。セグペンと取り組んだ多重人格障害の報告は『イヴと三つの顔』として小説化、映画化された。

認知的不協和
ふつうの人がとんでもないことを…

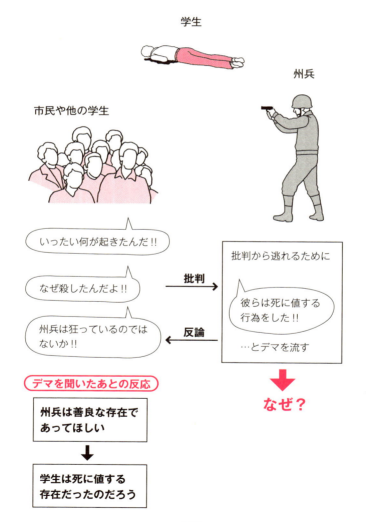

「こころ」のメカニズム、これだけは知っておこう

結論

人を殺してはいけない ／ 殺してしまった

信念が首尾一貫しない（不愉快な心的緊張）

他人から批判されることへの圧迫感や、なぜこのような事件を起こしたのかという葛藤から逃れて安堵したい

↓

デマで状況を抑え込もうとする

↓

認知的不協和

アメリカの社会心理学者レオン・フェスティンガーが提唱した理論。「すっぱいブドウの理論」が有名

| 認知的不協和を応用したアロンソンの理論 | 戦時下や偏見が蔓延した社会では、ふつうの人々が過激な行為に出ることがある |

エリオット・アロンソン（1932〜）

カリフォルニア大学サンタ・クルーズ校の名誉教授のエリオット・アロンソンは、世界恐慌で荒れ果てた1932年のアメリカに生まれた。奨学金でブランディス大学に進学して学士号を、そしてスタンフォード大学で博士号を取得している。1972年にバカげたことをする人が必ずしも狂人であるとは限らないという『アロンソンの第一法則』を提起し、研究成果を偏見と暴力を減らすことに活用している。その業績は高く評価され、アメリカ心理学協会から「著述」「教育」「研究」の3つの分野の賞を贈られ、20世紀で最も影響力のあった心理学者100人にも選ばれている。

心的葛藤
〝生と死の衝動〟の間を動く心

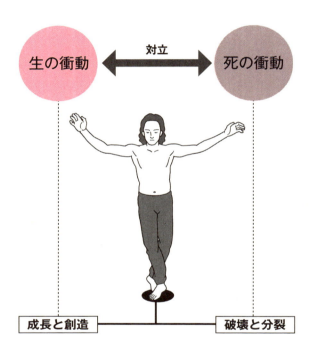

人間は2つの本能的衝動の間で葛藤している

生の衝動 ←対立→ 死の衝動

成長と創造 ／ 破壊と分裂

両極の間で揺れている
＝
人間

「こころ」のメカニズム、これだけは知っておこう

結果

・生の本能と死の本能は、人間の原始的な衝動
・「成長と創造」は、常に同等の破壊的な力によって駆り立てられている
・生きている人は、死への抵抗を試みている

⬇

心的葛藤

フロイトが主張した生と死に対する本能的衝動をさらに拡張したクラインの主張

人生は不安や苦しみ、破壊などにあふれている。
生と死の衝動は生きている限り続く

メラニー・クライン（1882〜1960）

メラニー・クラインは幼い頃に姉や兄を亡くしており、医学部を中退して17歳の時に結婚するもうまくいかず、さまざまなストレスから慢性的なうつ状態にあった。28歳の時に自らの病を治すためにフロイトの著書を読み、精神分析家になることを決意する。1921年にハンガリーで精神分析協会会員資格を取得すると、夫と離婚し、フロイトの側近だったカール・アブラハムの指導を受けるようになる。その後イギリスに渡り、子供に関する精神分析に取り組んだ。遊びを治療のひとつに取り込み、臨床研究に励んだクラインのもとには多くの研究者が集まり、クライン派理論として発展した。

> 情動
理性を越えた行動に突き動かすものとは

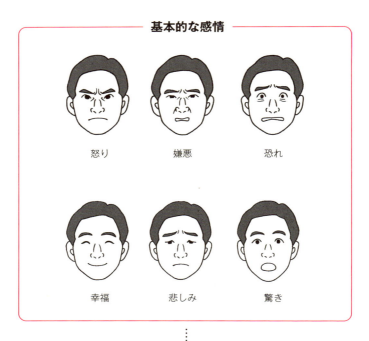

基本的な感情

怒り　嫌悪　恐れ

幸福　悲しみ　驚き

**社会的慣習や、文化の違いによって
感情表現は異なる？**

エクマンはフィールドワークで
**「顔の表情は人間進化に
おける普遍的な産物」**
ということに気づく

「こころ」のメカニズム、これだけは知っておこう

> **結果**
> ・表情は感情と結びついている
> ・表情には内面の状態が露呈する
> ・ごまかしきれないサインを識別することができる

その正体とは"情動"

情動は意識の奥深くにあり、意識が気づくより前に動き出す

許したいのに
怒りが収まらない

笑って見送りたいのに
涙がこらえきれない

情動は暴走する列車のように激しく、自分の感情でコントロールするのは難しい

ポール・エクマン（1934～）

感情と表情に関する研究のパイオニアとして知られるポール・エクマンは、ニュージャージー州で小児科医の息子として生まれた。第二次世界大戦中、一家でオレゴン州や南カリフォルニア州に移住する。15歳でシカゴ大学に入学し、フロイトの心理療法に出会い、その後ニューヨークのアデルフィ大学などで臨床心理学を学ぶ。1960年代に心理学者のシルヴァン・トムキンスに師事し、フロイト派とは異なる感情効果理論に目覚めた。70年代になると世界中を旅してまわり、環境や文化が違っても顔の表情から読み取る感情は同じであることを突き止め、感情心理学という分野を開拓した。

劣等コンプレックス
精神のバランスが崩れるとき

子供はみな劣等感を持つ

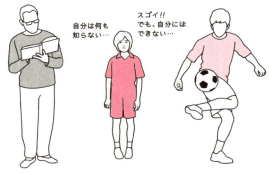

周りにいる強くて洗練された対象と比べるから

- バランスのとれた精神 ＝ **劣等感はいつしか「自信」になる**
- バランスを欠いた精神 ＝ **劣等コンプレックス** — たとえ成功したとしても満たされず、劣等感を克服できない状態になる

身体に障害を抱える患者と向き合ううちにアドラーが得た理論

アルフレッド・アドラー（1870〜1937）

フロイトやユングらと同時期に心理療法を探究した心理学者で、一時はフロイトの共同研究者だった。アドラーは3歳の時に生まれて間もない弟を亡くし、さらに5歳の時に肺炎で自らが生死をさまよったことをきっかけに医師になろうと決意したという。生まれ育ったオーストリアのウィーンで医学を学んだが、最終的に心理学を専攻して1902年にフロイトの研究グループに参加した。1911年にグループと決別して自由精神分析協会を設立する。

今日から使える心理テクニック集めました[基本編]

●信頼されたいならあえて欠点をさらすほうがいい？

　　　信用されたい相手に対して、自分の長所や功績をアピールしすぎるのは得策とはいえない。あまりに立派な経歴を持つ人に対しては近寄りがたさを感じるものだし、自慢していると思われたら逆効果だ。それよりも「忘れ物が多くて、反省してるんですよ」などと、欠点があることをさりげなく会話に織り交ぜてみるといい。少々の欠点があるほうが親近感が湧くものだし、「じつは私も」などと会話も弾みやすい。親しくなることが、信頼関係を築く第一歩なのだ。

●小声のうわさ話ほど相手に気づかれてしまうのはなぜ？

　　　喧騒の中で、不意に自分の名前が聞こえてきたという経験はないだろうか。これはすでに触れたように「カクテルパーティ効果」と呼ばれるもので、にぎやかな場所にいても自分のことが話題になっていると不思議と察知できてしまうのだ。面白いことに、直接呼びかけられるよりも、他人同士の会話の中で自分の名前が出てきた時のほうが気づきやすい。「どうせ聞こえないだろう」と、大勢の人の集まる場所で誰かのうわさ話をするのは危険極まりない行為なのだ。

●苦手な相手とはあえて顔を合わせると関係がよくなる！

　　　苦手な相手とはできれば顔を合わせるのを避けたくなるものだ。しかし、ただの知人程度ならいいが、ビジネスの相手なら避け続けるわけにいかない。ここで覚えておきたいのが、前述の「熟知性の法則」と「類似性の法則」だ。人間は、目に触れる回数が多く、共通点が多いもの

への好感度が高まる。つまり、苦手な相手とは極力顔を合わせる回数を増やし、共通の話題を持つことで親近感が増していくということになる。最初に感じていた抵抗感も徐々に薄れていくはずである。

●人間関係はやっぱり第一印象が大きく左右する!?

哲学者プラトンの言葉に「仕事においては最初がもっとも肝心である」というものがある。初対面の人と相対する時はこの言葉を肝に銘じておきたい。第一印象というのはその後の関係を大きく左右するほどのインパクトがあるもので、もしそこで悪印象を与えてしまったら払しょくするのは至難の業なのだ。まだ知らない相手だからこそ、敬意を払って接したいものである。好印象を与えることができれば、その後の関係も良好なものにすることができるはずだ。

●声のトーンで相手を操ることができる

消防や警察の緊急対応の電話では、「興奮してパニックになり、甲高い声で電話してくる相手に対して、応対者は声のトーンを低くする」と署員を指導している。これは「同質効果」を狙ったもので、人間には声の高さや質を無意識に相手に合わせようとする性質があるのだ。興奮する相手をなだめたいと思ったら、あくまでも落ち着いた声で話せばいいし、あえて興奮させてミスを誘いたいと思ったら、意図的に声のトーンを上げて話せばいいのである。

●エピソードをメモして記憶の達人になる

単純に日付を覚えようとするよりも、「その日何があったか」というエピソードとともに記憶したほうが覚えやすいはずだ。何かを記憶する時、そのものにまつわる

エピソードや感情を一緒に覚えることを「エピソード記憶」という。たとえば人と会ったらその時のできごと、新製品を紹介されたらその使用感や印象など、ちょっとしたことを手帳にメモをしておくだけでも記憶の定着率は格段に上がるだろう。

●安心感はシンメトリーで演出できる！

自然界では左右が完全に一致する「シンメトリー」なものは存在しないという。にもかかわらず、人間はなぜかシンメトリーなものに対して心地よさや安心感を抱く性質があるのだ。だから、警戒感を持たれたくないと思ったら、髪型やファッションは左右のバランスを取るように意識したい。さらに、手足の動きや姿勢もできるだけ左右で同じようにすると落ち着いた印象を与えることができるはずだ。

●相手に語らせれば自分の理解が深まる

何かを説明している時に「この人、本当に理解しているのかな」と疑問を抱いたら話の内容について質問して、相手に話してもらえばいい。人間の脳は自分の言葉を耳で聞くと、その内容に対して理解が深まるという機能を持っている。これを「オート・クライン効果」という。一方的に説明を繰り返すよりも適度に質問を挟んで相手に語らせれば、よりしっかりと理解してもらえる可能性が高いのだ。

●「○」が人間の目を引きつける理由は「安心感」だった

会議や打ち合わせなどでメモを取る時、大切な部分は自然と「○」で囲んでいないだろうか。人間はいろいろな形の中で、○に対して最も目がいきやすく、安定感を感じるのだという。○は自然界に最も多く存在する形で

あるため、人間にとってもなじみが深い。では、その次はといえば「△」である。なかでもバランスがいい正三角形に対して安心感を抱く。無意識に選ぶものに関しては、「安心感」が大きなキーワードになっているのだ。

● **セールの「理由」を提示すれば購買意欲を刺激できる！**

　人間の欲とは限りないもので、些細なことでも刺激されてしまう。たとえば、「セール」の文字を見ただけで購買意欲はグンと跳ね上がってしまうのだ。さらに、「キズモノ」とか「型落ち」、「商品入替」などといった理由が示されていると、さらにモチベーションは上がる。単純なことだが、モノを売る時には覚えておきたいセオリーだ。

● **「ナンバーワン」に弱い人間の心理**

　雑誌などで頻繁に特集されるのが、売れ筋商品のランキングだ。化粧品や文房具、お取り寄せ食材などジャンルは多岐に渡る。本来、自分の欲しいものと他人の欲しいものは違うわけで「ランキングは意味がない」はずだが、人間の購買意欲はじつに簡単に刺激されてしまうのだ。「当店人気ナンバーワン！」などのポップがつけられた商品はつい手に取りたくなってしまうのがいい例だ。買い物の途中に店内を見渡せば、この心理が狙われていることに気づくだろう。

● **やる気を取り戻すには簡単な仕事で達成感を味わうこと**

　やらなければいけないとわかっていても、どうしてもやる気が出ない。そんな時は無理をせず、簡単なことから始めてみるといい。やる気がないからといって何もしなければいっこうに仕事は片づかないし、手ごわい仕事に取りかかってしまったら、その難しさにますますやる

気が失せてしまいかねない。簡単なことから始めることで、達成感を得ながら徐々に気持ちを前向きにしていくことができるのだ。

●スランプは「過去の自分」が救ってくれる！

現在スランプ中という人におすすめしたいのが、「過去の栄光」を振り返ることだ。スランプ状態の時は、自分の力量や将来に対する不安でいっぱいになる。さらに、自分の実績さえも否定しがちになるのだという。たとえば、過去のファイルや写真などを実際に目で見て確認してみよう。今の状態がスランプだからといって、自分の実績がなくなるわけではないし、能力も衰えたわけではない。今の自分を救うのは、過去の自分なのである。

●「ペンと紙」が悩みを解決するワケは？

人間関係から仕事まで、人間は大なり小なり何かしらの悩みを抱えているものだ。酒を飲みながらうだうだとグチったり、一人悶々と考えていてもらちが明かない。特効薬は、「ペンと紙」。悩んでいることを具体的に紙に書き出し、自分で考えられる対策などを思いつくままに列挙してみよう。「認知行動療法」と呼ばれるこの方法で、案外スッキリと解決策が見つかる可能性がある。

●気持ちは「ふるまい」に左右される

好きな相手に会いに行く時は自然と表情は緩み、足取りが軽くなるものだ。人間の心理は表情や体の動きに表れるのだが、面白いことにその逆も真なりといえる。つまり、トボトボと下を見て、暗い表情で歩いていれば、いつの間にか気持ちが暗く沈んでいくし、笑顔をつくってはつらつとふるまっていれば、気持ちは明るく前向きになる。会社に行くのが憂鬱な日は、あえて大股で、テ

ンポよく歩こう。自然とやる気が湧いてくるだろう。

●主語を「私」にすることで言いにくいこともソフトに伝えられる

たとえ相手が間違っていても、指摘の方法を間違えると仲が決裂してしまうこともある。そこで肝に銘じておきたいのは、人間関係は善悪がすべてではないということだ。そのうえで相手に何かを要求したり、間違いを指摘したい時は「あなたのやり方は〜」ではなく「私ならこうする」という伝え方をすることだ。これは「Ｉメッセージ」と呼ばれるもので、主語が自分であるために、相手に伝わる印象はぐっとソフトになるのである。

●まとめて復唱するだけでデキるヤツだと思われる

相手の話に適切な相づちを打つというのは会話の常套スキルだが、さらなる高等テクニックが「話を復唱する」ことだ。会話の中で何か指示があれば、「つまりこうすればいいですか」などと簡潔にまとめて復唱する。これだけで、デキるヤツだという印象を与えることができるのだ。そのうえ、簡潔にまとめることで自分の理解も深めることができるので、一石二鳥なのである。

●本音を話してもらいたいときは座り心地のいいイスがおススメ

人は心や体が緊張してくると無口になる傾向があるが、反対にリラックスした状態になると饒舌になる。そこで、いつまでも緊張して心を開かない部下や後輩がいたら、ゆったりと座れるソファなどがある店に誘ってみるといい。すると、しだいに本音をポツリ、ポツリと出してくれるはずだ。アルコールの力を借りるというのもあるが、立ち飲み屋であったり、騒がしい店だと逆効果になったりするので要注意だ。

Chapter 4

「性格」と「感情」を正しく読み解くにはコツがいる

そもそも「性格」はどうやって決まるのか

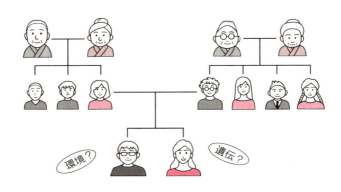

性格は何に左右されて決まるのか…
心理学の命題

■ 双子が別々の家庭で育つとどうなるか

　性格を決めるのは生まれつきか、それとも環境かというのは昔から議論の対象になっている。

　神経質な親に育てられれば、子供が神経質に育つのはだいたい想像がつく。問題は、そこに親の性格が遺伝子として刷り込まれているかどうかだ。

　これについて、二卵性双生児より性格が似ているとされる一卵性双生児で調べた研究結果がある。

　それによると、一緒に育った双生児より、生まれてすぐ別々の家庭で育てられ、お互いの接触が少ない双生児のほうがより2人の性格が似ていたという。

　これは、同じ家庭で育てた場合、親がそれぞれの長所を伸ばそうとすることによって生じる性格の違いだと考えられる。

　つまり、人間の性格は持って生まれたものと、環境による影響の相互作用で形成されるといえるのだ。

「性格」と「感情」を正しく読み解くにはコツがいる

性格はこうして決まる

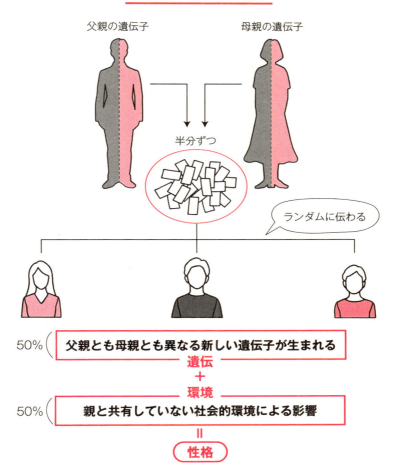

● 遺伝するもの、しないもの

　人間の性質の中でも、身長や髪質などは遺伝的要素が強いが、音感やリズム感などは環境的要素が強い。つまり、親の運動神経がずば抜けて良いとしたら、子供もその資質を持っている可能性は高いが、それを伸ばすトレーニングをしなければ能力は発揮されないのだ。

　潜在能力が開花するか、それとも宝の持ち腐れで終わるかは、やはり環境しだいなのである。

兄弟の性格
長男、長女、次男、次女…で性格はどう変わる？

■ 親との接し方や距離感の差

　少子化問題が深刻な日本だが、それでも子供のいる家庭ではひとりっ子の割合は全世帯の2割程度で、残りの8割は2人以上の兄弟がいることがわかっている。

　人間の性格は出生の順位によって傾向があるが、これは親の接し方や距離感の違いによるところが大きい。

　たとえば、最初に生まれた子供（第一子）はしっかり者で甘えベタなどといわれるが、これは親が「早く大きくなれ」と願うのと、下に兄弟が生まれれば「おにいちゃんでしょ」と長男長女の自覚を植えつけるからだ。

　逆に、末っ子には「いつまでも子供でいてほしい」という親のエゴがあり、親やしっかり者の兄や姉に甘える機会も多いため、どちらかというと世渡り上手なタイプになる。

　ちなみに、板ばさみ的存在の真ん中の子供は、長子や末っ子に比べて傾向がつかみにくいという。

「性格」と「感情」を正しく読み解くにはコツがいる

出生の順番による性格の違い

長子の性格的特徴

- 欲しいものがあっても遠慮してしまう
- 人の迷惑になるかどうかを考えて行動する
- 母親によく口答えする
- 自分がしゃべるより人の話を聞く

…など

中間子の性格的特徴

- 気に入らないことがあると黙り込む
- あまり考えずに行動して失敗しやすい
- 面倒がらずに仕事に取り組む

…など

末っ子の性格的特徴

- 親によく甘える
- おしゃべり
- 人のマネが上手
- 知っているふりをする
- 親に告げ口する
- 褒められると調子に乗る

…など

●生まれた順番と知能の関係

　全米経済研究所が出生順位と知能の関係について調べたところ、「兄弟で最も賢いのは長子（最初の子供）」という調査結果が出たという。
　２人目や３人目を産まない段階では、親にとってはたった１人のわが子になるためにどうしてもしつけが厳しくなる。子も親のプレッシャーを受けて期待に応えようとするため、学力が伸びるというのだ。

性格と筆跡
その人の筆跡に思わず出てしまう〝心のクセ〟とは？

性格別の筆跡の特徴

■ 文字や絵には深層心理が隠されている

　性格はよく顔に表れるといわれるが、表れる場所は顔に限らない。文字や絵からも、その人がどんな人かを知ることができるのだ。
　『筆跡性格学入門』（槇田仁／金子書房）によれば、「筆跡」は「脳跡」であり、心や思考の動きがありありと映し出されるという。
　文字の形だけでなく、文字の大きさや筆圧にもヒントは隠されている。クセ字という言葉があるが、場合によってはそれは〝心のクセ〟なのかもしれない。
　また、文字だけでなく絵からも潜在的な性格の傾向を見てとることができる。
　たとえば、心に傷を負った子供に絵を描かせて傷の深さを探るというように、絵には言葉で表すことができないその人の深層心理が表れることがあるのだ。

ライフサイクル理論
人は年をとると〝変わる〟というのは本当か

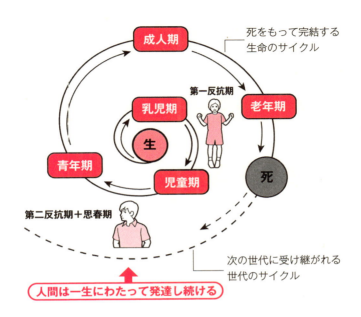

■ 人間は段階的に発達する

　年をとって丸くなった、などという言い方をよく耳にするが、一方で「三つ子の魂百まで」という言葉もある。人間の性格は年齢で変化するものなのだろうか。

　アメリカの心理学者エリック・エリクソンは、人間が生涯にわたって成長し続ける「ライフサイクル論」を提唱した。

　これによれば、人間は乳児期から老年期まで段階的に発達し、死によって完結すると〝生命のサイクル〟の中で生涯を終える。そして、そのサイクルは次の世代へと継承されるとしている。

　成長著しい若い時期だけでなく、年をとってからも発達を続けるという点が特徴的で、老年期には何かに対して世話をする能力や、自己を肯定する心などが育まれるという。

　発達はいわば変化である。であれば「人間は年をとると変わるのか」という問いには、ＹＥＳという答えが適当なのだ。

気質
人は生まれて間もない頃から人格を持っている

扱いやすい気質
よく遊び、睡眠や食習慣が規則的で新しい環境に順応しやすい

約40％

気むずかしい気質
感情の起伏が激しく、睡眠や食習慣が不規則、新しい状況が苦手

約10％

ゆっくりと適応する気質
活動がゆっくりしていて、新しい状況に適応するのに時間を要する

約15％

活動、睡眠、食事などどれにおいても目立った特徴がない

約35％

■ 気質は生まれ持ったもの

　新生児は無垢で、どの子もまだ何色にも染まっていないように見える。しかし、赤ちゃんにも個人差がある。この生まれつきの生物的な個人差のことを「気質」というが、これは古代ローマの哲学者ガレノスが論じたことが始まりだ。

　ガレノスは、人間の気質を「地・風・火・水」という４つのエレメントに分け、さらに地は「黒胆汁質」、風は「多血質」、火は「胆汁質」、水は「粘液質」というように体液で区分した。気質の問題は、体液の不均衡によって起こると考えられたのだ。

　それをさらに分類したのがドイツの心理学者アイゼンクで、この定義と調査を元に、外向的な人は内向的な人よりも脳の働きが不活発で退屈していることが多いことなどを説明した。

アイゼンクの人格モデル

古代ローマの哲学者ガレノスが示唆した4つの気質（黒胆汁質、多血質、胆汁質、粘液質）をアイゼンクは「外向的―内向的」に分類して提示した

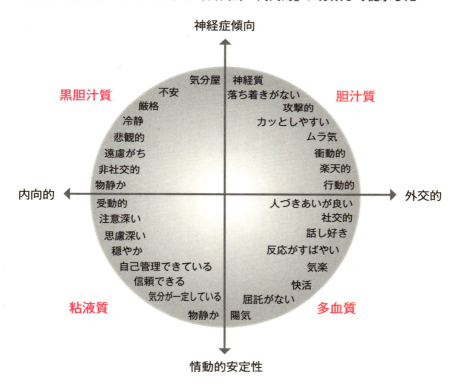

●クレッチマーの体格による分析

気質の研究には、ほかにも体形と性格を結びつけたクレッチマーの「性格類型論」がある。これは、人の体形を「肥満型」、「やせ型」、「筋肉質」に大別し、統計をもとにその特徴的な性格を定義したものだ。

その性格類型論によると、肥満型は基本的に陽気で温厚だが、気分の浮き沈みが交互におこりやすい「循環気質」で、やせ型は興味のあることとないことへの関心の高さの落差が大きい「分裂気質」、筋肉質は良くも悪くも単純で粘り強いことなどから「粘着気質」となっている。

年齢によって体形は変わり、性格も変わっていくのかもしれない。

キャラクターとパーソナリティ
本当の性格という時の「本当」って何？

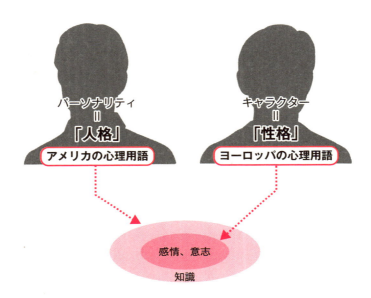

■ その人らしさを表す２つの言葉

　人間の性格や品格など、いわゆる人となりを表すのに「キャラクター」と「パーソナリティ」という言葉がある。
　ニュアンスはなんとなくわかるが、正確な使い分けとなると難しい。だが、心理学ではこの両者には大きな違いがあるのだ。
　その違いは、それぞれの語源をみれば一目瞭然で、キャラクターはギリシャ語で「刻み込まれたもの」、一方のパーソナリティはラテン語で「仮面」を表すペルソナという言葉に由来している。
　つまり、「先天的」か「後天的」かということなのだ。
　キャラクターが生まれつきの感情や意志を指すのに対し、パーソナリティは環境適応で培われた行動の傾向を意味する。
　どちらにしても、その人らしさを表す言葉ではあるが、個人評価の対象としてふさわしいのは、本人の努力なども加味されるパーソナリティのほうかもしれない。

「性格」と「感情」を正しく読み解くにはコツがいる

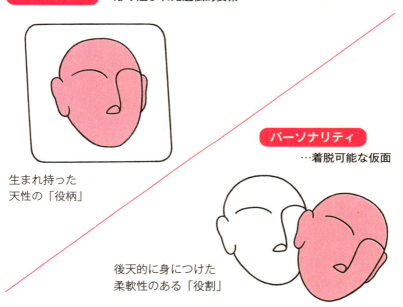

キャラクターは不変で一貫性のあるもの、パーソナリティは柔軟で適応性のあるものという違いがある

● パーソナリティとは？／オルポートの説

　現代心理学で初めてパーソナリティを定義づけたのは、アメリカの心理学者ゴードン・オルポートである。
　彼は、パーソナリティに含まれている心の要素を「特性」という言葉で表した。特性とは、その個人に一貫性のある行動を取らせる原因のことで、個人の行動と環境の間で機能する。つまり、特性を正しく理解することでその人の行動や問題を予測しやすくなるという。

内向型と外向型
「内向型」と「外向型」、2つの性格からわかること

外向型とは

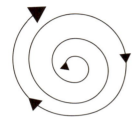

エネルギーが外に向かう

内向型とは

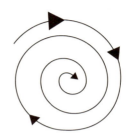

エネルギーが内に向かう

動物の世界にも内向型と外向型がある

■ 心的エネルギーの方向性の違い

　世渡り上手な人に対して「あの人は外向型だから」と噂をしたり、また、引っ込み思案な人が「ボクは内向型なので」と自虐的に言ったりすることがある。

　人の性質を「内向型」「外向型」と分類したのは、夢分析で有名なスイスの精神医学者のユングだ。

　これは環境における心的エネルギーが自分自身に向かうのか、それとも他者に向かうのかによる性格分類である。

　とはいえ、誰でも外向型・内向型それぞれの特徴を持ち合わせているのがふつうで、あとはどちらの傾向がより強いかだけである。

　たとえば日頃、感情をむき出しにする外向型の人も、時と場合によっては自ら抑制しようとするのもめずらしいことではない。

　これは心理学では「補償」と呼ばれる心の動きで、ユングはこうした無意識の調整作用も人間心理の特徴だとしている。

外向型の行動や考え方

・感情表現がストレート
・気性の変化が激しい
・独立心がある
・好奇心が旺盛
・人と広く浅く、つき合う

生来の脳の回路の違い？

内向型の行動や考え方

・感情のコントロールができる
・感受性が強い
・粘り強く、コツコツと仕事をこなす
・論理的に考える
・幅広く、気軽な交際が苦手

ある調査によると…

外向型な人間を理想とするアメリカでも、2、3人に1人は内向型（あるいは隠れ内向型）であることがわかっている

●内向型のアメリカ大統領

　世間では外向型のほうが世渡り上手のイメージがある。ところが、実際は内向型の成功者も多い。『内向型人間の時代』（スーザン・ケイン著／講談社）には、第44代アメリカ大統領のバラク・オバマも、じつは内向型人間に分類されると書かれている。

　内向型はシャイで交友関係が狭いようにみられるが、必ずしもそうではなく、ただ単に過度な刺激を好まず、静かな環境からエネルギーを得ている。一方で、外向型の人たちは他者と一緒にいることで活力を養う。その違いなのだという。

　内向型人間は外向型人間の陰に隠れがちだが、少なくとも自分で自分を世渡り下手だと卑下することはないのである。

タイプA
病気になりやすい!?「タイプA」ってどんなタイプ？

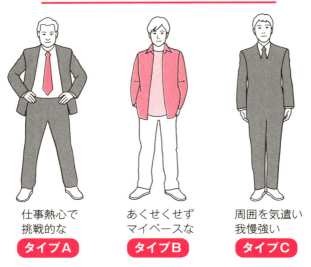

出世して、成功しそうなタイプは？

仕事熱心で挑戦的な
タイプA

あくせくせずマイペースな
タイプB

周囲を気遣い我慢強い
タイプC

■ せっかちな仕事人間は黄信号

　アメリカの医師マイヤー・フリードマンは、心臓病の外来の待合室にある椅子の前の部分だけが異常に擦り切れていることに気づいた。

　よく観察すると、心臓病患者は他の患者よりも待ち時間にイラつき、すぐ立ち上がれるよう椅子に浅く腰掛けており、それが擦り切れの原因だったのだ。

　フリードマンと精神科医のレイ・ローゼンマンは、これをもとに調査し、人間の性格を「タイプA」「タイプB」「タイプC」に分類した。

　それによると、Aはせっかちでストレスを受けやすく、Bはいつもリラックス状態にあるのんびりタイプ。そしてCは、まじめだが、他人に心を開かないという傾向を導き出した。

　とりわけAは仕事人間などに多いタイプで、心疾患にかかりやすい。万人に当てはまる分類とはいい切れないが、心当たりがある人は用心したほうがいいかもしれない。

Chapter 4 「性格」と「感情」を正しく読み解くにはコツがいる

現代社会で成功するといわれるタイプは…

タイプA

性格…野心的で何事にもチャレンジする反面、他人に対して攻撃的

行動…機敏でせっかち、いつも多くの仕事を抱えている

タイプAは心筋梗塞などの心臓病に要注意！

タイプB

タイプAと正反対の性格の持ち主

タイプC

まじめで几帳面、周囲に気を遣いながら生きている

ガンに要注意！

●「タイプA」のチェックリスト

いつもそうである…2点 しばしばそうである…1点 そんなことはない…0点
★各項目の回答の合計が17点以上は心臓病に要注意！

①忙しい生活である
②毎日時間に追われている感じがある
③仕事やその他のことに熱中しやすい
④熱中していると気持ちの切り替えがしにくい
⑤やる以上は徹底的にやらないと気がすまない
⑥仕事や行動に自信を持てる
⑦緊張しやすい
⑧イライラしたり怒りやすい
⑨几帳面である
⑩勝気な方である
⑪気性が激しい
⑫他人と競争する気持ちを持ちやすい

（公益財団法人　日本心臓財団ホームページより）

役割
そもそも性格は変えられるのか

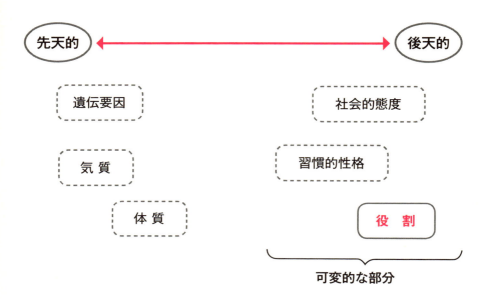

■ 人は複数の役割を演じている

　人はそれぞれの名前を持つ一個人だが、会社では課長やリーダーで、家に帰るとお父さんやお母さん、娘や息子だったりする。そして、私たちはその立場を演じ分けて日々を過ごしている。これを心理学では「役割」というが、それをふだんから意識している人はあまりいないだろう。

　役割は、ある集団の中で人が互いに影響を与えながら身につけた"とるべき行動"のことだ。つまり、お父さんはお父さんらしく、娘は娘らしくというように周囲に期待されるように演じているのである。

　そして、役割は1人にひとつというわけではなく複数にわたっているが、あまりにも数が多いと精神的にダメージを受けやすくなる。

　たとえば、会社では部長であり、セミナーでは講師であり、家庭ではお母さんであり、実家では娘…というようにあまりにも立場が増えてしまうと両立できなくなってしまうからだ。

　すると、役割葛藤に苦しむことになるのである。

「性格」と「感情」を正しく読み解くにはコツがいる Chapter 4

役割的行動の例

先輩には後輩らしく振る舞い ━━━▶ 後輩には先輩らしく振る舞う

友人には友人らしく　　　　　　子供には親らしく

> 社会のさまざまな場面や状況に適応するために、意識的・無意識的に変えることができる性格

セルフ・ハンディキャッピング
試験前になるとなぜ掃除をしたくなるのか

■ 克服すれば「できるわけがない」が「できる!」に変わる

　「隣がうるさくて勉強できなかったから、今日の試験は落ちるだろうな」などと、何かのせいにして端から成功を諦めてしまうことがある。
　このように、うまくいかない原因を自分以外のせいにすることを「セルフ・ハンディキャッピング」といい、自尊心を傷つけたくない時にこの心理が動き出す。
　たしかに、ただ「今日の試験は落ちるだろう」と考えると自分が努力しなかったことを認めてしまうことになるが、「隣がうるさくて」とうまくいかない原因を自分以外のせいにすると自分自身は傷つかずにすむ。
　これがクセになると努力しなくなり、向上心を失うのだ。
　セルフ・ハンディキャッピングを克服して、失敗を自分の責任として引き受けることができるようになると精神的にも人間的にも大きく成長できるのである。

尊厳欲求が満たされず傷つく自分がイヤ

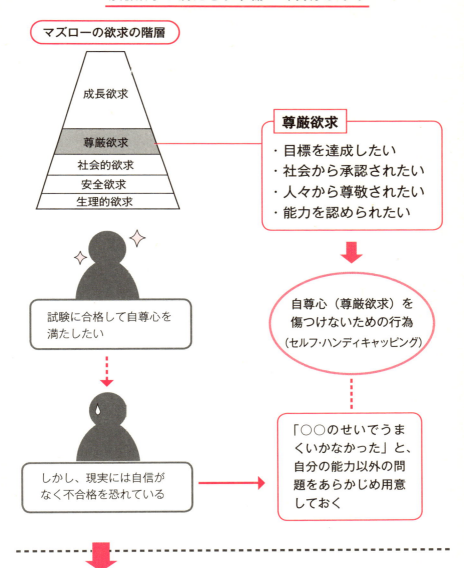

喜び、怒り、恐れ…感情についての気になる話

赤ちゃんが人の顔を認識する段階

■ お母さんをお母さんと認識するまで

　母親が生まれたばかりの赤ちゃんの顔をのぞき込んでほほえんでいる姿は、誰もが穏やかな気持ちになるものだ。

　だが、赤ちゃんのほうは必ずしもお母さんだと認識して笑顔になっているとは限らない。というのも、赤ちゃんは人の顔そのものは生後10分程度で認識するものの、お母さんをお母さんだと認識するのは生後3ヵ月以降だといわれている。

　母親以外の人に抱かれると突然泣き出したり、人見知りするようになるのもちょうどこの頃だ。人が人として生きるのに欠かせない情緒だが、乳児期には未発達なのはいうまでもない。

　最初は眠いから泣いたり、居心地がいいから笑ったりするだけだが、時間が経つとそこに認知や感情、意志などが入ってくるのである。

「性格」と「感情」を正しく読み解くにはコツがいる

ブリッジスの「情緒の発達段階」

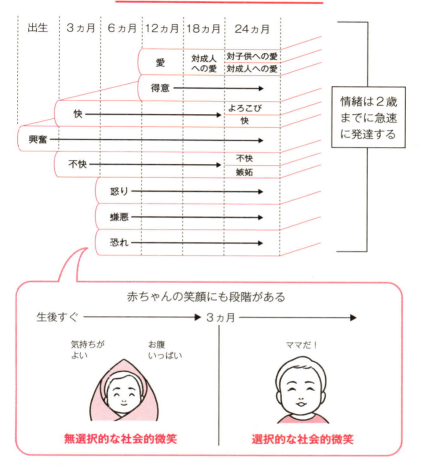

●人は2歳までに情緒を会得する

心理学者のブリッジスは、人間の情緒は生後24ヵ月の間に発達するとしている。それによると、出生時の情緒反応はただ興奮のみで、3ヵ月程度で不快かそうでないかを感じるようになる。

怒りや嫌悪感を持つのは生後6ヵ月頃で、12ヵ月経過した頃には親の愛情を実感するのだという。

こうして、2歳になる頃にはひと通りの情緒を得るのである。

コンフリクト
人はなぜ失敗や不満を正当化してしまうのか

■ 人間が一生つき合う「コンフリクト」とは

「葛藤」という言葉は、葛や藤のツルが絡み合う様子が語源になっている。

そのツルのごとく異なる考えが絡み合い、どんな行動を取るべきか頭を悩ませるのにはさまざまな要因がある。好きか嫌いか、損か得か、あるいは選択した先のことなど、あらゆることを想定して葛藤するのだ。

心理学では葛藤は「コンフリクト」と呼ばれ、複数の欲求が同じ強さで存在することを意味する。

さらに、その種類は4つのパターンに分類されており、すべての葛藤はこのいずれかに当てはまるといってもいいだろう。

もちろん、同じ葛藤でも年齢や性別、置かれている状況で出す答えは異なるし、正解に対する導き方のマニュアルなどもない。

ただ、哲学者の言葉を借りれば「人生は選択の連続」であり、人間は常にコンフリクトと向き合っていかねばならないということだ。

葛藤はなぜ起こるのか

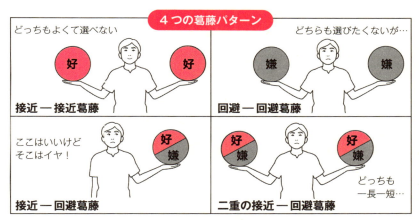

●失敗の正当化は「防衛機制」がはたらいた証拠

　コンフリクトを経て出した答えが、必ずしも正解とは限らない。しかし人は、場合によって失敗や不満を正当化しようとする。

　たとえば、就職の面接で落とされた時に「担当者の見る目がなかっただけ。自分には縁のない会社だったのだ」と考えることがあるが、これは「防衛機制」という心のはたらきによるものだ。

　本心では自分が評価されなかったことが悔しくてたまらないが、その事実は認めたくない。そこで生じたフラストレーションをなんらかの形で正当化してどうにか受け入れようとしているのである。

モラトリアム
「子供扱いはイヤ、大人になるのもイヤ」の心理

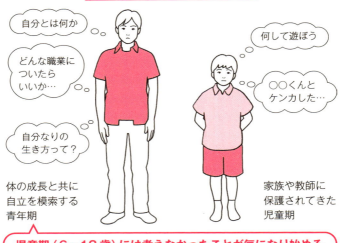

児童期から青年期への変化

- 自分とは何か
- どんな職業についたらいいか…
- 自分なりの生き方って？

体の成長と共に自立を模索する青年期

- 何して遊ぼう
- ○○くんとケンカした…

家族や教師に保護されてきた児童期

児童期（6〜12歳）には考えなかったことが気になり始める

■ 子供と大人の境にあるモラトリアム

　若い頃は誰でも「自分とは何なのか」と自問自答する。おそらくその時期は、「自己」を意識し始めた頃と重なるはずだ。

　そして、そこから「自分の価値」や「生きがい」について考え、果ては「生きるとは何か」という疑問にまでたどりつく。自分の青春時代もまさにそうだったという人も多いのではないだろうか。

　人間は3〜4歳で自我が芽生え、第一反抗期が始まる。親の言うことをきかなくなり、嫌なものは嫌と主張を始める。

　そして青年期の第二反抗期では、より自立を意識し、親や教師の干渉を嫌うようになる。子供扱いはされたくないが、大人にもなれない。これが「モラトリアム（猶予）」期間だ。

　これは、自分の中でアイデンティティに対する答えが見つかるまで続くのである。

「性格」と「感情」を正しく読み解くにはコツがいる

アイデンティティ（自己同一性）
人が心に保持している「自分とは何者で、何を成すべきか」という概念

エリック・エリクソンが提唱

アイデンティティを確立

成人期　　　　　　　　　　　　　　青年期

モラトリアム
アイデンティティを確立するまでの猶予期間

傷つきやすく、精神的に不安定な時期

うまく確立できないと同一性拡散の危機に陥る

何をしたいかわからない

自分は何者？

じつはエリクソン自身が生涯にわたり、アイデンティティに悩んでいた

●エリクソンの発達理論

「アイデンティティ（自己同一性）」という概念を提唱したのは、アメリカの心理学者エリック・エリクソンである。

彼は人生の成長を乳児期、幼児期、児童期、学童期、青年期、成人期、壮年期、老年期の8段階に分けた。

アイデンティティに目覚めるのは5段階に当たる「青年期」で、年齢でいえば12～20歳くらいがこれに当てはまり、思春期と呼ばれる時期もここに含まれる。

179

ギャング・エイジ

親が手を焼くギャング・エイジは自立のサイン!?

幼児期と児童期の発達の特徴

幼児期（3〜6歳）
・対人関係…家族中心
・遊び…1人遊び

児童期（6〜12歳）
・対人関係…近隣、学校
・遊び…気の合う友人とグループ遊び

■ 家族の一員より仲間の一員であることの意識

　子供の頃、友だちとの約束を守るために親にウソをついた経験はないだろうか。個人差はあるが、6〜12歳までの児童期は親よりも仲間との絆を大切にするようになる。

　それまでは1人遊びで満足できるうえ、自分の生活のベースも家族の中にしかない。ところが、小学生になるとクラスメイトができて仲間意識が芽生え始める。

　仲間うちでルールができたり、互いの言動に影響を受けたりする。また、他の子供と自分の能力や技能を比べることに没頭する年頃でもある。

　そのうち家族の一員である自分よりも、仲間のメンバーの1人である自分を優先するようになるのだ。

　これは一種の社会行動の始まりだが、一方で仲間はずれなども起こるようになるため、成長段階の中でもかなりデリケートな時期といえる。その後、思春期へと移行していく。

「性格」と「感情」を正しく読み解くにはコツがいる

児童期は別名「ギャング・エイジ」（徒党時代）

気の合う仲間と徒党を組む　　　別グループと対立する

［仲間意識が生まれる］ ⟷ ［仲間はずれが起こる］

・対人関係を経験する
・他人との接し方や協調性を学ぶ

健全な社会性が身につく

● **自立のサインでもあるギャング・エイジ**

　8～10歳くらいの子供は「ギャング・エイジ」と呼ばれる成長段階にある。
　気の合った仲間と徒党を組み、親よりも彼らとのつながりを優先するようになる。悪いことをしても、仲間が不利になるようなことは口にしないなど集団への帰属意識が高くなるのだ。
　そのため、仲間を裏切った友人や、抵抗勢力とみなす相手を阻害することもある。子供がクラスメイトを簡単に仲間はずれにしてしまうのはこのためだ。
　親にとっては手を焼く時期ではあるが、一方で自立のサインでもある。

感情と行動
悲しいから泣くのか、泣くから悲しいのか

■ 感情と行動の不思議な関係

「笑う門には福来たる」とはいうが、実際には「福が来たから笑う」が理屈としては正しい気はしないだろうか。

このような「感情」と「行動」の因果関係については、同じ心理学者の間でも「感情があって初めて生理的反応が起こる」という説と、「生理的反応があって初めて感情が起こる」という説に分かれている。

また、近年はアメリカの心理学者スタンレー・シャクターがまったく別の角度から分析した「情動の二要因理論」も登場している。

これは、感情は生理的反応と認知の2つの要因によって起こるというもので、わかりやすくいえば「生理的反応→感情を探る→喜怒哀楽を判断」という心の動きだ。

今のところどれが正解か結論は出ていない。感情と行動の間には、まだまだ解明できない複雑な回路があるようだ。

今日から使える心理テクニック集めました[応用編]

● 「責任は私がとる！」と言うだけで連帯感が生まれる

　　　能力や世代の異なる人たちをとりまとめて、ひとつの目標に向かわせる連帯感や責任感を生み出すにはリーダーが重要だ。たとえば、プロ野球の元監督だった星野仙一氏がよく口にしていたのが「全体の責任は私がとる」だ。敗戦の原因をけっして選手やコーチのせいにはしなかったという。こんなリーダーがいたら何とか応えようと勇気を持って取り組む気になるものだ。その結果、責任感が芽生え、連帯感も生まれるのである。

● 「ご存じだと思いますが」の威力

　　　自分の話に集中してほしいなら「ご存じだと思いますが」という前置きが効果的だ。実際は知らないことでも、そんなふうに言われたらとっさに「知りません」とは言えず、話に集中するしかないのだ。また、この言葉は自尊心をくすぐる効果もあるので、特に男性に対して効き目がある。自尊心をくすぐられると自分のことを理解してくれていると感じて、相手に好意を感じるようになるのだ。

● とりつく島もない人に耳を貸してもらう㊙ワザ

　　　飛び込み営業で相手の担当者にどうしても話を聞いてもらいたいけれど、まるで野良猫を追い払うかのように「今、忙しいから」と門前払いをされることがある。こうしたとりつく島もない人に耳を貸してもらいたい時は、条件つきで頼むのが効果的だ。たとえば、「1分でいいので私に時間をください」と言ってみる。相手にしたら1分で終わるはずはないとわかっていても無下にで

きず、「じゃあ、ちょっとだけ」と受け入れてくれるのだ。

● 「フレーミング効果」で印象をスイッチ

栄養ドリンクに「タウリン２０００ミリグラム」などと表示されているが、なぜ２グラムをわざわざ４ケタの数字にしているかといえば、「０」がたくさんついていると「多い」という錯覚を起こしてお得感を与えられるからなのだ。このように、中身は同じでも表現しだいでは印象が変わることを「フレーミング効果」という。表現のしかたひとつで、その情報は有利にも不利にも働くのだ。

● デメリットを先に言ったほうがいいワケ

たとえば「あなたはちょっと暗いところもあるけど、真面目で信頼できますね」と言われるのと、「あなたは真面目で信頼できるけど、ちょっと暗いところがありますね」と言われるのでは、どちらのほうがいいだろうか。同じことを言われているのに順番が違うだけで受ける印象はまったく変わってくるはずだ。人は後から聞いた言葉のほうを本心ととらえる、ということを前提に言葉を選びたい。

● 決められない客に買わせる"魔法の言葉"

あれこれ見比べて悩むのもショッピングの楽しさだが、販売する側にしてみればサッサと決めてほしいと思うことも多々あるにちがいない。そんな客の購買欲を促す魔法の言葉が「みなさん、お選びですが…」である。こんなふうに言われた客は、自分の選択に間違いはなかったとお墨つきをもらった気になって買う決断ができるのだ。「今一番売れています」や「当店の売れ筋です」なども同じような効果がある。

●早く仲間に溶け込みたいなら相談するのが手っとり早い

　　　新しい職場などで早く周囲に溶け込みたいのに何を話したらいいのかわからない…。そんな時は、自分が不得手だと思うことをスムーズにこなしている人を見つけてコツを聞いてみるのが手っ取り早い。人は自分を頼ってくれる相手に対して親近感を覚えるだけでなく、相談ごとを分かち合うことで特別な感情を抱くようになる。ただし、あまりに深刻すぎると逆に敬遠されてしまうので気をつけたい。

●「また会いたい人」になれる余韻のテクニック

　　　時間が経つのも忘れて話し込んでしまうのは、互いに夢中になってしまうほど親しい間柄だからだろう。そんな関係なら問題なくまた会いたいと思うものだが、初対面の人や仕事で取引先に訪問した場合にも「また会いたい」と思わせるテクニックがある。それは、会話が盛り上がってきたタイミングでその場を去るというものだ。もっと話の続きを聞きたいと思わせておいていなくなると、余韻が残る。その余韻が「また会いたい」という気持ちにさせるのである。

●交渉相手が前のめりになったらチャンス！

　　　ドラマや映画のクライマックスでは、つい身を乗り出して画面を凝視してしまうものだ。人は興味のある内容には思わず引き込まれて前のめりになってしまうからである。交渉中の相手が前傾姿勢になったら絶好のチャンスだととらえていいだろう。ポイントは前のめりになった瞬間で、その時に話していた部分を重点的に説明してクロージングに持ち込むのである。

● 距離が近いほど「YES」と言ってもらえる確率が高くなる

　　アメリカでこんな実験をした。同じ内容の頼みごとを相手と視線を合わせながら「距離を1メートルに近づけて」と、「距離を45センチメートルに近づけて」とそれぞれ行ったところ、距離が近づくほどYESの確率が高くなったという。45センチメートルといえば、パーソナルスペースでは恋人の領域だ。これだけ近くにいるということは好感度が高いことを示している。この人と近づきたいと思ったなら許される範囲で近づいてみよう。

● 嫌悪感を持たれないボディタッチのしかた

　　親しい間柄ならいきなり肩をポンと叩かれても平気だが、会社の上司や他人にいきなり肩を触れられたらドキッとするはずだ。ボディタッチは心の距離を縮めるには有効な手段だが、一歩間違えれば嫌悪感を持たれるだけである。ところが、他人に触れられても気にならない部分が、二の腕だ。不安を感じた時、自分で二の腕を抱えることはないだろうか。二の腕へのタッチは安心感を与えるので、さりげなく触れると好感を抱かせる効果がある。

● 繰り返し言われるといつの間にか信じてしまう

　　「ウソも100回言えば本当になる」というウソのような話がある。じつはあながち間違いではなく、何度も同じことを言われ続けると人はそれを本当のことだと信じてしまうのだ。たとえ最初はウソやお世辞だと思っていても、繰り返し言われると自分では気づかないうちにその気になってくる。デキる上司はその心理を利用して「君ならできる」と言い続け、部下にやる気を出させている。

●露骨に眉をひそめる人は…

　　　うれしい時は素直に表情に出しても、怒りや嫌悪感はあからさまに見せないのが大人の礼儀だ。ところが、こちらの話に露骨に眉をひそめる人がいる。こうした人は他人の気持ちなどおかまいなしに自己中心的に物ごとを考えている。どんな表情をしたら相手が不愉快になるのかなどという感受性は持っていないのだ。常に自分は正しいと思い込んでいるため、他人を見下した態度をとってしまうことになる。関わらないのが賢明である。

●2人の間にあるものを片づける!?　それともそのまま？

　　　机を挟んで話をしている時、相手が距離をとりたがっているか、それとも親しみを感じているかがわかる目安がある。机の上にあるものを片づけるかどうかだ。わかりやすいのが灰皿だ。灰皿を真ん中に置いたまま話を続けるようなら引き上げるのが得策だ。人は相手に興味があれば、無意識のうちに相手との距離を縮めようとして灰皿や書類、食器など机の上にあるものを障害物と感じて取り除こうとするのである。

●完璧な人ほどドジを踏むといいワケ

　　　誰だって自分のいいところは人に見せて、失敗は隠したいものだ。ところが、失敗を見せると好感度がアップするタイプの人がいる。それは、いつも優等生で周囲からの評価も高い真面目な人だ。こうした人はドジを踏むと落ち込んでしまうのだが、本人が思っているほどまわりの人はマイナスだと感じていない。それどころか、いつも完璧なあの人もドジを踏むのかと親しみを感じてプラスの評価につながることになるのである。

● 哲学の道でアイデアが湧いてくる!?

　　　京都・東山の麓には有名な「哲学の道」と呼ばれる散策路があり、哲学者の西田幾多郎が思索にふけったことでこの名がついた。歩きながら考えるのはアイデア発想の基本でもある。ならば、以前にいいアイデアを思いついた場所があるなら、そこを自分の"アイデアの道"として利用することをおススメする。そこは自然と気持ちが落ち着いて考えごとに没頭できる場所になるはずだ。特定の場所に行くことで自己暗示の効用もある。

● レッテルを貼って行動をコントロールする

　　　人にレッテルを貼るというのは、悪い意味で使われることが多いものだ。だが使い方しだいでは、いいレッテルを貼ることもできる。たとえば、「仕事が早いね」や「段取りがうまい」などと繰り返し言ってレッテルをはがしにくくしておくと、当人は仕事をテキパキとこなして貼られたレッテルに沿った行動をするようになる。また、実際はそんなことはなくても、レッテルに反しないようにふるまうようになるのである。

● ファーストネームで呼び合うメリットとは

　　　日米の首脳会談が行われると、互いになんと呼び合ったかが話題になることがあるが、一般の企業でも役職ではなく「さんづけ」が定着しているところがある。アイデンティティのひとつである自分の名前を呼ばれると、呼んでくれた人のことは親近感がわき、記憶に残る相手となるのである。

● 「触る」と欲しくなる「感触」の心理

　　　ウインドウショッピングの最中に店員がそばに寄ってきて「どうぞ手にとってご覧になってください」と言わ

れることがある。そこで、買う気はなかったのに手にとってしまい、結局買ってしまったということはないだろうか。これは、「感触」がつくり出す心理状態で、人は直接手に触れたものに対して「親しみ」を覚えてしまうのである。実際に商品に触れると、「これ、いいかも…」「使い勝手がいい」という安心感も相まって店の戦略にはまってしまうのだ。

●理不尽な要求を一発で跳ね返す「オウム返し」の裏ワザ

「オウム返し」とは、相手の言ったとおりの言葉を言い返すことだ。相手の発言が短い場合は、その半分程度のコメントを拾って返すのがコツで、反対に長い時は相手の話の3割をまとめて返すといい。内容がなくても、なんとなく会話しているようにみえるので、カドをたてずに断れる。

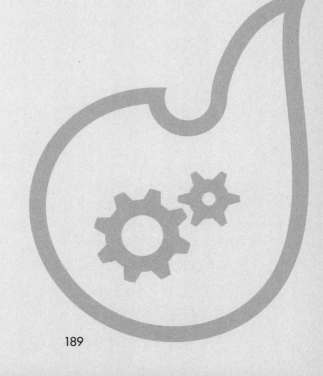

Column 3 夕べ見た夢について

人はなぜ夢を見るのか──フロイトとユング

フロイトが心理学から夢にアプローチ

　人は眠りながら夢を見る。それは、妙にリアルかと思えば、とりとめのない内容のこともある。

　夢は古くから人々にとって不思議な存在だった。かつては、悪魔に憑りつかれたら夢を見るといわれたこともあったようだ。

　そんな夢について、初めて心理学的なアプローチを試みたのが、無意識という概念を発見したジークムント・フロイトだ。

　フロイトは、夢は無意識に至る王道だと考えた。つまり夢を分析すれば、自分でも気づいていない抑圧された心の秘密がわかると考えたのだ。

　たとえば剣や蛇は男性の性器、家は母親というように、夢に出てきた象徴的なものから、その人が無意識の領域に押し込めているコンプレックスを解き明かすという方法でフロイトは精神分析を行った。

精神療法に活用されているユングの夢分析

　一方で、夢による精神分析の発展に大きく貢献したもう１人の研究者がいる。カール・ユングだ。

　ユングはフロイトの夢判断に感銘を受けて、フロイトのもとで精神分析に取り組んだ。

　だが、無意識の領域に抑圧されているのは動物的な性的エネルギーで、夢もそのシンボルであるというフロイトの考えに納得できず、フロイトと決別してしまう。

　ユングは、フロイトのように一般的な象徴で夢に意味を求めず、夢に登場するものが意味するのは個人個人で違うと考えた。

　さらに、患者が見た夢の内容を自由に連想して発展させるという方法で、夢を見た本人が夢の意味を明らかにできるようにしたのだ。

Chapter 5

「組織」と「集団」の心理から、次の一手が見通せる

集団心理
人の行動を縛っている〝見えない糸〟とは？

集団とは何か

・共通の目標がある人が集まっている
・目標を達成するためにコミュニケーションを取り、協力し合っている
・メンバーに役割があり、ルールがある…など

家族、自治会、学校、スポーツのチーム、サークル、会社など

駅やテーマパークなどに集まっている大勢の人は **群集**

■ 人は誰でも集団の一員である

　経験者ならわかるだろうが、サッカーや野球などはチームワークが何よりも重要だ。自分勝手な言動でチームから浮いてしまうような選手がいたりすると、肝心なところで一致団結できなくなる。
　本来、人間の行動は所属する集団から大きな影響を受ける。
　ここでいう集団とは、メンバーそれぞれに共通の目標や役割があり、またルールや規範が存在するような集まりのことで、たまたま駅などで居合わせた人たちとは異なる。
　ところが、志が一緒だからといって常に足並みが揃うわけではないのも集団心理の特徴で、特に規範の圧力が強くなるとどうしてもはみ出す者が出てきてしまうのだ。
　仕事や家族など、現代人は何らかの集団に属している。良くも悪くも、私たちはそこから何かしらの影響を受けながら生活しているのである。

「組織」と「集団」の心理から、次の一手が見通せる

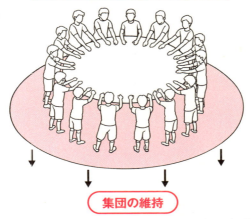

集団が共有していること→「規範」

集団の維持

規範の圧力が強くなると表れるメンバーの行動

規範から逃げようとする

逃避行動

規範に対立する

反抗行動

規範に従おうとする

同調行動

● 集団から〝排除〟されてしまうワケ

　ある集団に所属している感覚を「社会的アイデンティティ」という。
　これは、職場やサークルなど自分と自分の所属集団を同一化し、自身を集団の一部として自覚しながら行動することを意味する。
　基本的に集団の中では自分の意見を貫き通すことは難しく、集団規範に従う同調行動が求められることが多い。
　ところが、その規範に疑問を抱いたり、所属していることを恥ずかしいと思うと反抗したり逃避したくなる。そうなると社会的アイデンティティは維持できなくなり、集団から排除されてしまうのだ。

社会的アイデンティティ
「集団の中の自分」を意識すると何が変わるか

自分が属している社会的集団と自分を同一化し、意識して行動すること

＝

社会的アイデンティティ

■ 社会的アイデンティティの意味

　たとえば、あなたはA商事に勤務する会社員だったとしよう。その立場で社外に出れば、自然と「A商事に勤務している○○と申します」という自己紹介になるはずだ。このように、ある集団に自分が属している意識のことを社会心理学では「社会的アイデンティティ」と呼んでいる。

　では、自分の所属する集団が「自分には合わない」と感じたら、人はどうするか。ここでの行動の選択肢はいくつかある。

　ひとつは「社会移動」と呼ばれるもので、たとえば「A商事を辞めて転職する」といった行動がそれに当てはまる。

　もうひとつは「社会変動」で、こちらは「A商事と同等の会社を集めて組合をつくり、大手に対抗しよう」と行動したりすることを意味する。

　そして、そのどちらの行動もできない人は、「B社よりはマシ」「もっと業績の悪い会社はある」と、自分たちよりも下の集団と比較して不満をおさめようとするのである。

人は常に「内集団」と「外集団」を比べている

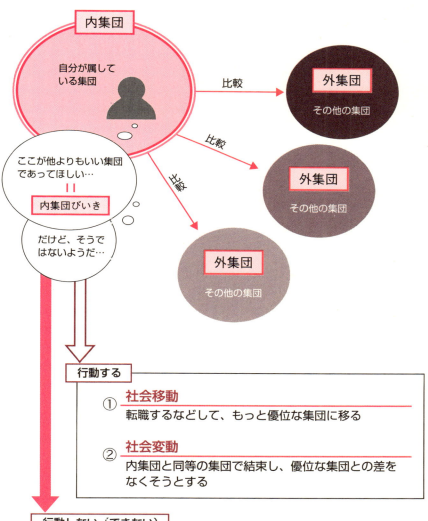

心理的拘泥現象
みんなで決めると後戻りできなくなる理由

間違いだとわかっていても後戻りできない心理

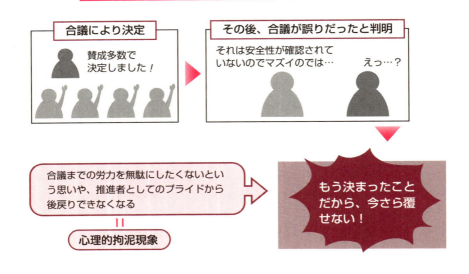

■ 集団ゆえの罠に陥るメカニズム

　検査のデータの改ざんのような会社ぐるみの事件が時々ニュースになることがあるが、この手の事件を耳にすると、果たして内部で異議を唱える者はいなかったのかと疑問を感じる人もいるだろう。

　じつは、こういうケースでは集団だからこそはたらいてしまうある心の動きが思い当たる。それが「心理的拘泥現象」だ。

　この現象は「あとでその決定が間違っていたと判明しても集団決定は覆せない」という心理に陥る心のメカニズムを表す。会社ぐるみの犯罪以外にも「天候が崩れてきたのに山頂を目指す」など、すでに危険信号が点滅し始めているのにやめられないようなケースも同様だ。

　そもそも人は集団になると見通しが甘くなりやすい。原因は集団への過剰評価や閉鎖性など複合的にあるが、「全員で出した結論」に要した時間やプライドを重視するために、すでに決定したことを覆すことを拒むのだ。ちなみに、親密度の高い集団ほどこの傾向が強くなりやすい。

集団エゴイズム
真実を歪める「集団エゴイズム」とは？

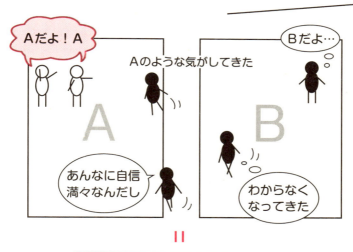

== 強い主張にはつい引きずられる

■ 噂話やクチコミの背景にあるもの

　たとえば、目の前に2本の木が立っていたとする。誰が見ても右の木より左の木のほうが高いのは一目瞭然だが、一緒にいたグループの数人が「右のほうが高い」と断言した。そうすると、最初は左の木のほうが高いと確信していた人もだんだんと心が揺らいできてしまう…。

　このように、その結論が正しいかどうかがわからなくても「とりあえず合意しよう」という気持ちになるのは集団心理の特徴でもある。その結果、集団の中で偏見が拡張されていくことを「集団エゴイズム」と呼び、この心理がもたらすものに噂話やクチコミといった現象がある。

　集団の中で「あの店はおいしい」という意見が盛り上がると、おいしいと感じない人もしだいに自分の感覚を疑い始め、最終的に「あの店はおいしい」という意見に同調してしまうのだ。

　場合によってはこの集団エゴイズムが働くことで真実がゆがめられることもある。

集団間葛藤
複数のグループが成立するだけで葛藤が生じる

① 人が集まり、グループができる

② 各グループ間で親睦が深まり、仲間意識が芽ばえる

③ 別グループの存在を知り、ゲームなどで競い合う

④ 別グループに対する敵対心が高まる

＝

集団間葛藤

■ 対立感情が芽ばえて消えた泥棒洞窟実験

　よく「共通の敵をつくると仲がよくなる」などというが、同様の心理は集団でも当てはまる。

　心理学者のシェリフらが行った「泥棒洞窟実験」がそれを証明している。

　この実験は"泥棒洞窟"と呼ばれるキャンプ場における2グループの少年たちの集団としての動行を調査したものだ。

　まずは、グループごとに集団生活をさせて親睦を深めさせる。のちに2つのグループをスポーツなどで競わせ、グループ内の仲間意識を高めるとともに相手グループへの敵対心が生まれるようにした。

　そして最後には、2つのグループが協力して立ち向かわなくてはならないような困難な課題を与えた。すると、それまで反目し合っていた両者は一致団結し、対立感情が消えて友好ムードが高まったのだ。

　つまり、集団間の葛藤をなくすためには、両者が団結しなければ達成できない「上位目標」を導入することが有効なのである。

敵対したグループをまとめるには上位目標が必要

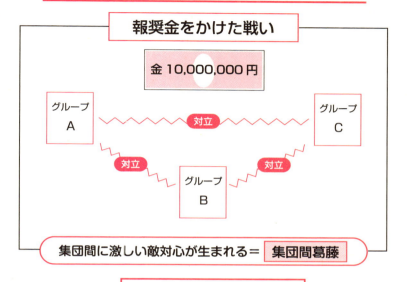

集団間に激しい敵対心が生まれる＝ 集団間葛藤

友好的な関係に戻すためには

グループを超えた上位目標を導入する

この組織は、危機に立たされています！
みなさんの全員の力が必要です！

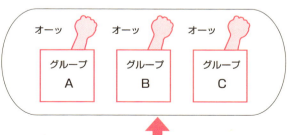

共通の目標を持つと友好的な関係へと変化していく

モチベーション
やる気を出させるには「平等」より「公平」が効く

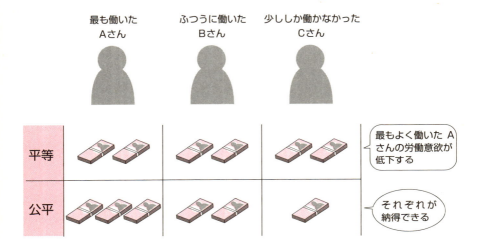

■ メンバーの士気を高めるには

　会社でなくても、何かしらの労働をしてもらった場合には当然のことながらいくばくかの報酬を支払わなくてはならない。

　ところで、こういう場合の報酬の分配には2通りの方法がある。ひとつは「平等」に分けることで、もうひとつは「公平」に分けることである。

　この2つの言葉には似たようなニュアンスがあるが、本質はまったく違う。まず平等分配だが、ここでは「一律」と同義だ。報酬を1万円と決めたら全員に1万円ずつ配るのである。

　一方、公平分配の場合は、それぞれの能力や働きに応じて額を決める。したがって1万円の人もいれば3万円の人もいるというやり方だ。

　では、組織全体の士気が上がるのはどちらかといえば、正解は公平分配である。

　人間は自分の働きに対して報酬が少ないと感じたら、次からはその報酬以上の労働をしなくなる。したがって平等分配にした場合は、できる人ほどやる気が失せてしまうのである。

適性の3側面モデル
適性があるかどうかを見るための3つの視点

適性は「能力」と「性格」、「態度」で見る

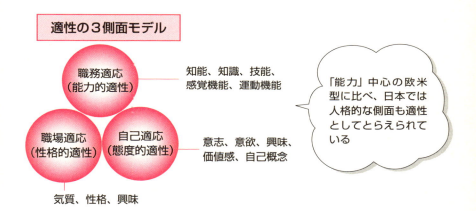

■ 人間的要素も基準になる

　世の中にはさまざまな仕事や役割が存在するが、どれも人によって向き不向きがある。よく適性があるとか、ないなどというが、欧米では主に仕事に対する能力に焦点が当てられ、日本ではそこへ人格や意欲といった人間的要素も加えられる。

　仕事ができてもやりがいを感じられなかったり、やる気はあっても成果を出せなければ適性があるとはいえないということだ。

　そこで、その適性を判断する基準のひとつとなるのが「適性の3側面モデル」だ。それによれば、適性を評価する材料は3種類ある。ひとつ目は職務の遂行や成果にかかわる「職務適応」、次に人間関係や協調性にかかわる「職場適応」、そして自分自身の意欲ややりがいにかかわる「自己適応」である。

　適応性はそれぞれ能力と性格と態度を見て判断する。どこかにアンマッチがあれば、その仕事や役割はその人には向いていないということになるのだ。

プロセス・ロス
1人の時より集団のほうが生産性が低下する

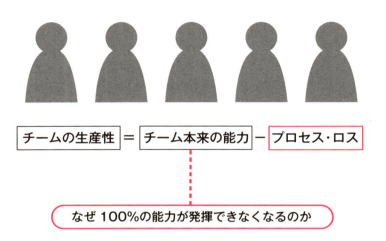

■ チーム行動によるネガティブな作用

　チームで何か大きな仕事に取りかからなければならない時は、仲間の存在を心強く感じるものだが、作業的には必ずしもメリットばかりではない。
　一般的には、仕事は1人で請け負うよりもグループで分担して請け負ったほうが能率が上がると考えられがちだが、じつはそんなことはない。
　心理学者のシュタイナーによれば、チームでひとつの仕事をする場合は、メンバーそれぞれの能力やコミュニケーションの調整に労力を費やすため、かえって非生産的になるという。
　このようなチーム行動によって引き起こされるネガティブな作用を「プロセス・ロス」と呼んでいる。
　たとえば新入社員ののみ込みが悪いと、ベテラン社員ほど「自分でやったほうがよっぽど早い…」というジレンマに陥ったりするが、こんな心理もプロセス・ロスの要素のひとつなのだ。

協働作業をすると課題を遂行できない理由とは

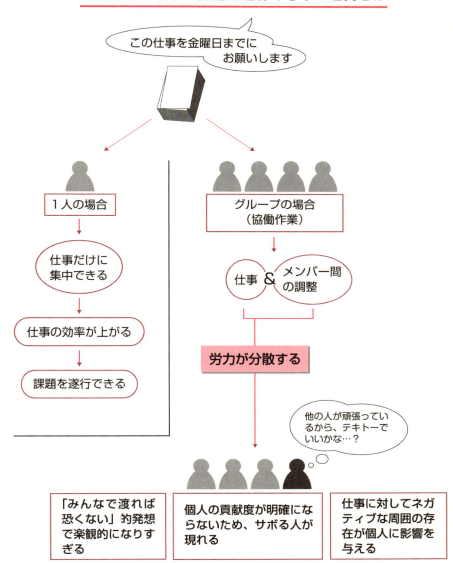

リンゲルマン現象
たくさんの人で取り組むのは効率が悪い!?

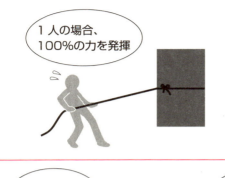

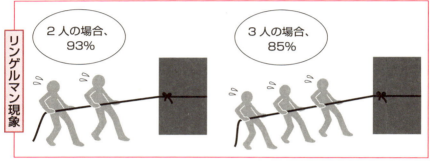

リンゲルマン現象

■ 数が増えると効率が悪くなる理由

　1人でできる仕事量を1だとすれば、集団でする仕事量は「1×人数」になるはずだとふつうは考える。しかし、この考え方は間違いであることを数字で示したのが心理学者リンゲルマンだ。
　リンゲルマンが行ったのは、綱引き実験である。
　1人で綱を引っ張った場合、人は100パーセントの力を出す。ところが、2人になった時に出す1人の力は93パーセントにしかならず、3人だと85パーセントに低下、そして8人では49パーセントにまで低下してしまい、それぞれが半分の力も出さなくなることがわかったのだ。
　理由は人数が増えたことで責任の所在が埋没してしまったことだ。
　1人でやる仕事は明らかに自分の責任なので全力を出すが、何人かのグループでやる場合は無意識のうちに「自分が責任を負うわけではない」という考えが生まれるのである。

> 割れ窓現象
小さな悪を放置するとモラルが低下する

漫然とした不安や苛立ちが凶悪犯罪の引き金になる

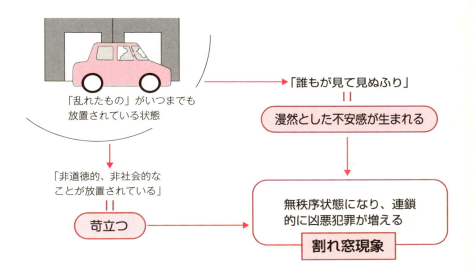

■ 不安からくる悪の連鎖

　社会問題のひとつにゴミの不法投棄がある。本来なら正規の手続きをとって廃棄すべきゴミを河原や山中に投棄することだが、たいていは、ゴミがひとつ捨てられるとその周辺に次々とゴミが捨てられ、気がついたらゴミの山が築かれていたりする。

　こうした悪の連鎖は専門的には「割れ窓現象」と呼ばれ、アメリカの心理学者ジョージ・ケリングが提唱した。

　この言葉は、窓の割られた車が1台放置されているだけで周辺の地域には犯罪が増加するという現象に由来したもので、背景にあるのは、人々の「漫然とした不安」や「苛立ち」だ。

　街中に窓の割られた車がいつまでも放置されていると、全員が見て見ぬふりをしている事実に不安を感じ始める。そして、その不安が積もると自己防衛本能が働き、暴力的な行為にエスカレートする人が出てきたりするのだ。

> **2方向の分業**
> # 「水平」と「垂直」が組織を効率よく動かす

組織とは、同じ目標を達成しようという集団

■ 理想の組織構造

　「組織一丸となって」などというフレーズをたまに聞くが、実際は組織が大所帯であればあるほど統制をとるのは難しくなり、相互作用や協力関係を持続できる「組織構造」が必要になってくる。
　集団での仕事は基本的に分業体制である。その仕組みのキーワードは「水平」と「垂直」だ。
　まずは「水平」だが、これは効率的に仕事を遂行することを目的とした分業を意味する。企業でいえば人事や企画、生産といった部門のことだ。
　1人の人間が人材を採用して新商品の企画を考え、生産までも管理するより、それぞれを分業して個々が責任を担うほうが効率がいい。
　しかし、分業が水平方向だけで行われると、部門ごとに衝突が起こり葛藤（コンフリクト）が生まれるようになる。そこで必要になるのが「垂直」方向の分業だ。
　これは、簡単にいえば部長、課長、係長といった社内の役職である。この序列があることによって部門同士の対立の調整が可能になるのはもちろんのこと、部門内の意思統一もはかれるようになるのだ。

「水平方向の分業」だけでは組織目標の達成は難しい

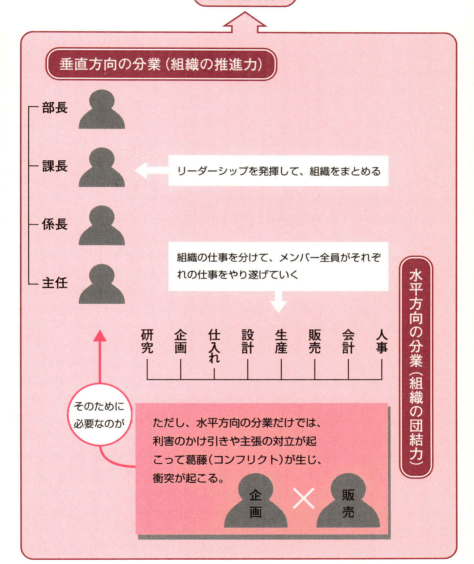

組織の中での自分の「実力」の見せ方、隠し方

同じ能力を持っていても出し方ひとつで評価は変わる

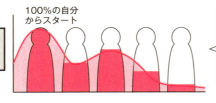

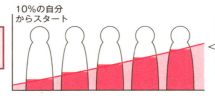

■ いきなりの成功はハードルを上げる

　鳴り物入りでデビューし、1年目で輝かしい成績をおさめたが、その後は鳴かず飛ばず…。たまにこんなプロスポーツ選手がいるものだ。

　そこで紹介したいのが「ブブカの原理」だ。ブブカとは"鳥人"とも呼ばれた棒高跳びの選手の名前で、1センチメートル単位で世界記録を更新し続けた人物である。

　つまりこの原理は、いきなり新記録を狙うよりも、ブブカのように成長を継続したほうが成功しやすいと説いたものなのだ。

　短期間での目標達成は称えられるべき実績だが、そのぶん周囲の期待値も上がるため、結果として能力を伸ばし損ねる。それよりは、最初は目標を低めに設定して1年ずつ成果を出していったほうが、余裕を持ちながら能力を発揮できるのだ。

　継続してクリアしていけばそれだけ周囲の印象もいいし、自己アピールにもなる。いわば集団の中で生き残る知恵でもある。

絶対評価と相対評価
伸びる組織の人物評価はどこが違うか

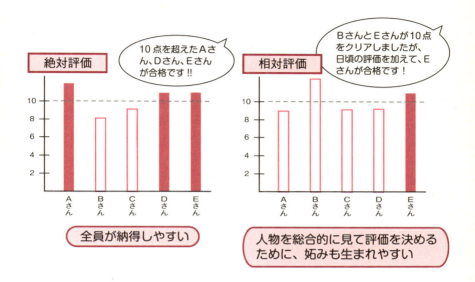

■ 受け入れられやすいのはどちらか

　仕事でもスポーツでも自分のチームにそれなりに貢献したとすれば、やはりその評価は適正であってほしいものだ。このような労働や能力を評価する方法には、「絶対評価」と「相対評価」の2通りがある。

　絶対評価は、小中学校の成績表にも取り入れられている方法で、あらかじめ定められた評価基準に達していれば、何人でも「A」の評価を得ることができる。いわば能力主義の評価方法だ。

　一方で相対評価は、学校や企業といった一定の集団の中での位置を明らかにしようとするものだ。

　たとえば、あらかじめ「A」評価は1人、「B」は2人などと枠が決まっていて、そこに成績上位者を当てはめていく。そのため、「A」評価の人が複数人いると、そこに人物評価などを加えて1人を選ぶことになる。

　相対評価は競争心をあおるメリットがある一方で、誰が選ぶのかという問題もあり、妬みが生まれやすいというデメリットもあるのだ。

中年クライシス
40歳は心の転機というのは本当か

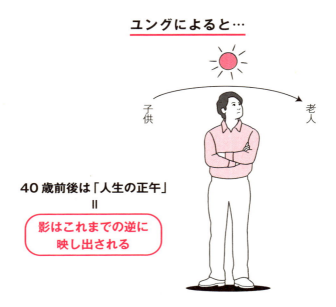

ユングによると…

40歳前後は「人生の正午」
＝
影はこれまでの逆に映し出される

子供 / 老人

■「人生の正午」にはらむ危機

　四十にして惑わず——。人は40歳になる頃には自分の生き方に迷わなくなると言ったのは孔子だが、同じ40歳を「人生の正午」と表現したのは、心理学者のユングである。

　正午は時計でいえば12時のこと。午後は影が午前中とは逆に映し出されるように、人生も折り返しに入るということのたとえだ。

　それと同時にユングは、ここを転換点ととらえ「危機の時期」でもあるとしている。

　人生の正午を迎えた時、人はその後の生き方について真剣に考えることを迫られる。ここをうまく乗り越えられないと、心身のバランスを崩すからだ。

　その危機はしばしば「中年クライシス」などといわれている。これに陥らないためには、若い頃の自分を否定せず、新しい可能性を試すなど前向きな考え方が必要になる。

成人期（20〜60歳）の充実とストレス

前期成人期（20〜30歳）

充実 結婚相手の獲得、家庭生活の開始、子供の養育

後期成人期（30〜60歳）

社会的責任

仕事の失敗などによる自信の喪失

充実 仕事の達成、ゆとりのある時間、配偶者との愛情、年老いた親へのいたわり

体力や気力の衰え　老後の不安　親の介護

さまざまなストレスにより精神的危機に陥りやすくなる　➡　中年クライシス

●ハヴィガーストの発達課題

　成人期の発達については、アメリカの教育心理学者ロバート・ハヴィガーストの理論が有名である。成人期の前期にあたる20〜30歳くらいまでは、結婚や就職で経済的にも社会的にも基盤をつくって充実していく。
　これが30〜60歳くらいまでの後期になると、子育てや仕事、親の介護などを含む社会的責任が重くなってくる。
　年齢的にはまだまだ働き盛りだが、その反面、ストレスも蓄積されるので心身のバランスを崩しやすい。

一貫性の原理
一度決めたらなかなか変えられないのはなぜ？

■ こだわりすぎると傷を深めることにもなる

「男に二言はない」ではないが、一度人の前でやると宣言したことは、途中で間違っていたと気づいたとしても引っ込みがつかなくなってしまうものだ。これは、「一貫性の原理」という心理が働いているせいである。

　人は誰しも自分の一貫性の原理に基づいて行動している。そうでなければ、誰も約束を守らなくなり、自分の言ったことに責任を持とうともしなくなる。リーダーの立場にある人が信念をコロコロと変えたら、組織は成り立たなくなってしまうだろう。

　ところが、一貫性を保とうとしすぎるあまりに失敗に気づきながら引き返せなくなってしまうこともある。間違った方向に進んでいるのではないかと感じたら、一貫性にこだわりすぎていないか冷静に見極め、傷が浅いうちに軌道修正する勇気も必要なのだ。

人はなぜコミットした立場にこだわるのか

ダニエル・ハワードの実験によると…

「飢餓救援協会の者がお宅に伺いますので、チャリティーのためのクッキーを買ってください」

…と電話をかけると

18％の人が同意した

「こんにちは。ご機嫌いかがですか？」

「飢餓救援協会の者がお宅に伺いますので、チャリティーのためのクッキーを買ってください」

「いい気分だよ」

と電話をかけると…

32％の人が同意した

はじめに「いい気分だよ」と返事をしたことで、「自分は恵まれた立場にいる」とイメージし、苦しんでいる人への寄付を断ることは一貫していないと感じるために同意する人が増えたと考えられる

●結婚式と一貫性の原理

ある調査によると、結婚の際に挙式や披露宴などを行った夫婦は、それらをしなかった夫婦よりも離婚率が低いという。

結婚式に欠かせない"誓いの言葉"を列席者の前で行えば、一貫性の原理がはたらいてそう簡単には態度を変えることができなくなるのだろう。結婚式は、夫婦関係を持続させるのに大きな役割を果たしているのだ。

準拠集団
なぜ周囲から影響を受けてしまうのか

個人は何らかの社会集団の影響を受けている
＝
準拠集団

■ 誰もが意識的、無意識的に属している集団

　学校や会社、サークル、ファンクラブなど、複数の人からなる社会的なまとまりのことを「集団」というが、多くの人はいくつかの集団に属していて、さらにその集団の信念や態度、行動と自分を同一化している。
　この、自分が同一化している集団のことを「準拠集団」という。
　わかりやすくいえば、「ジャイアンツファンの会社員で、人気モデルのSNSのフォロワー」というAさんがいるとしたら、Aさんは「ジャイアンツファン」と「会社」、「人気モデルのフォロワー」という集団に準拠しているということになる。
　そして、Aさんはこれらの集団から大きな影響を受けており、それが行動や考え方にも出るのである。多くの人は、自分の行動や態度は自身が決めていると思っているかもしれないが、私たちは知らず知らずのうちに集団の影響を強く受けているのだ。

人は集団を行動や価値観の基準にしている

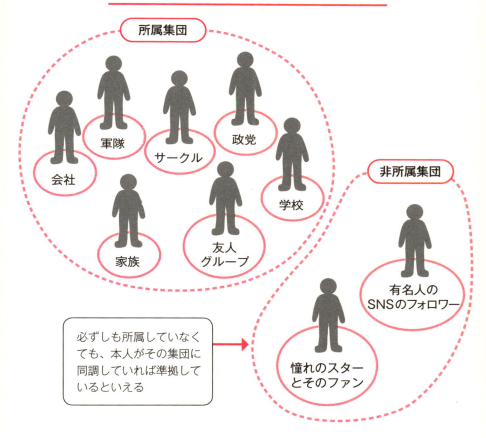

● マーケティングと準拠集団

　自分のファッションは自分で考えて選んでいる、特に何も参考にしていないと言い切れる人はいるだろうか。

　人は誰でも、アウトドア派ならカジュアルな格好とか、サーファーなら茶髪など、どこかに自分が準拠する集団にふさわしい格好を選んでいるものだ。

　こうした準拠集団にはオピニオンリーダーと呼ばれる人がおり、彼らがそこに属する個人に大きな影響を与えている。

　そのため、マーケティングでは彼らに注目することで、その集団のライフスタイルや消費行動を予測するのに役立てているのだ。

集団の中で自然に芽生える思考様式とは？

■ ばかげた合議になぜか反対できない心理

　複数の人が集まって決定を行う時には、賛否両論に耳を傾けながら慎重に議論を重ねていくのが理想だ。

　だが、実際にはそうではないことが多く、国の未来を左右するような重要な計画や法案ほど、リーダーとその考えを共にするメンバーに反対意見を抑え込まれて反対派が黙り込んでしまうことはよく起きる。

　このような現象を社会心理学者のジャニスは「集団思考」と呼んだ。集団思考に陥ると、反対意見が言い出しにくくなるのだという。

　それは、合議を行う集団が自らを過大評価していたり、外部集団を見下したり、満場一致の幻想を抱いていたりするからだ。

　そんな雰囲気の中で、反対派は波風を立てることを避けて黙り込んでしまい、無茶な計画を止めることができなくなってしまうのだ。

　ちなみに、アメリカで大統領とその顧問だけで合議した結果、悲惨な結果に終わったものとして、1961年のキューバのピッグス湾侵攻作戦や2003年に始まったイラク戦争などが挙げられている。

より良い集団意思決定は批判的思考から生まれる

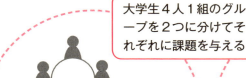
大学生4人1組のグループを2つに分けてそれぞれに課題を与える

課題：ポスターを作る（合意から規範を育成する）

課題：評判の悪い政策について討論する（批判的思考から規範を育成する）

各課題の終了後、全グループに共通の課題を与えた

はじめに「評判の悪い政策について討論する」課題を与えられていたほうが、適切で質の高い意思決定を行っていた

＝

集団で物ごとを決める時は、メンバーが批判的な発言を言い合うことで間違った決断を避けることができる

集団極性化

集団は行動や考え方にまで影響を与える

収入はそこそこでも
安定を選ぶか…
将来の保障はないけど
高収入な仕事に移るか…

個人の決定

どうすればいい
だろう…？

そうだね…

集団の決定

■ "三人寄れば文殊の知恵" ではなかった

1人で考えるよりも、多くの知恵を集めたほうがより良い問題解決ができるのではないか。そう考えて、会議などに多くのメンバーを募ろうとするのはめずらしいことではない。

しかし「集団極性化」といって、集団で行った意思決定は個人で決めたものよりも極端に傾くことがわかっている。

その理由としては、1人のメンバーの発言を受けてほかのメンバーがより強い意見を出そうするために意見が極端になっていったり、メンバーに入ることで自分がその集団と同一化しているように思い、意見に同調するようになるからだという。

そのため、個々のメンバーがもともと持っていた意見が危険なものであれば、より危険な意見に集約され、逆にその意見が保守的なものであれば、合議の結果はより守りに入ったものになる。

この現象をそれぞれ「リスキーシフト」、「コーシャスシフト」という。

集団で話し合うと結論はどうなるか

社会心理学者ストーナーの実験では…

① **参加者にジレンマに関する課題を与える**

- ある電気技師が、そう多くはないが十分な給与の出る今の仕事を続けるべきか、それとももっと多くの収入が得られるが保障のない新しい仕事に変わるべきかを決定しなくてはならない
- 重い心臓疾患を患っている患者が、今まで通りに過ごすことで短い生涯を終えるか、完治するか命を落とすか、ふたつにひとつの手術を受けるかを決めなければならない

② **参加者個人でよく考えて意思決定する**

③ **集団になって討議し、意思決定する**

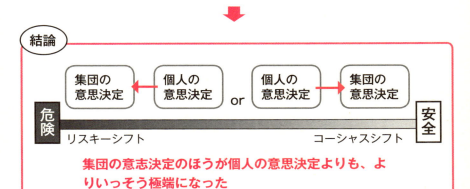

結論

危険 ← リスキーシフト　　　コーシャスシフト → 安全

集団の意思決定 ← 個人の意思決定　or　個人の意思決定 → 集団の意思決定

集団の意志決定のほうが個人の意思決定よりも、よりいっそう極端になった

この心理の技法がアタマひとつ抜け出す決め手

● 「なぜなら…」を連発すると論理思考になれる⁉

　　　　話の切れ目でよく「なぜなら…」を連発する人がいる。自分の考えや主義主張を言ったあとに、「なぜなら」とか「なぜかというと」ときて、理由や根拠を示すわけだ。これはロジカルシンキングのトレーニングでよく使われる手法なのだが、その人が本当に論理的に考えているかどうかを判断するには「なぜなら」の後に続く理由に耳をすませばわかることだ。だが、単なる見せかけであっても、連発することによって一見、ロジカルな思考の持ち主のように思えてくるから不思議だ。

● "逆切れ"人間には糠に釘でスルーする

　　　　突然攻撃的になる人に共通するのは、周囲がすべて敵に見えてしまい、いつか攻撃されるのではという不安を持っていることだ。こんな人と対峙しようと思ってはいけない。真に受けて反発すると、攻撃本能をさらに刺激しかねないからだ。ここは、ノーリアクションか「そんなことはないですよ」などと暖簾に腕押し、糠に釘で乗り切るのが賢明だ。

● 正攻法が通じない頑固者には「事後報告」で一件落着

　　　　何でも反対だったり、年下の話にはいっさい耳を貸さない理不尽なタイプはどこの会社にでもいるものだ。こんな人に直談判しても無駄である。それよりは、いささか義理を欠くが「事後報告」で攻めれば、終わりよければすべてよしになる。正攻法は通じない頑固者なので、多少強引でも「〇〇にしました」と告げるだけで「そうか、しかたがないな」とすんなり認めてくれるケースも

少なくないのだ。

● 「任せた」という「自己保身型上司」には進捗状況を逐一報告する

　どこの会社でも部下に「任せた」と、度量のあるところを見せたがる上司がいる。しかし、この言葉を真に受けてはならない。なぜなら、このタイプの人間は「自己保身」が極めて強いからである。その証拠に、任せたと言っておきながら細かい点まで確認したがるし、失敗すれば部下のせい、反対にウマくいけば自分の手柄にする。これを未然に防ぐには、進捗状況を逐一報告して、あとで「聞いてないよ」などと言わせないことだ。

● キーパーソンを見抜く3つのポイントとは？

　何度打合せをしても話が前に進まないことがある。それはおそらく、あなたの担当者がキーパーソンではないからだ。無駄な時間を費やさないためにも"決定権者"に直に交渉すべきなのだが、そのキーパーソンを見抜くにはポイントがある。それは、言葉尻をチェックするのだ。話す内容が①具体的、②断定的、③聞いているだけでイメージできる、の3つだ。反対にただの"窓口担当者"だと自分で断言することができないので、言葉尻はどうしてもあいまいになってしまう。

● ここぞという時に力を発揮してくれる「ユニフォーム効果」

　ふだんのイメージとは異なるファッションを身につけることで、強い自分を演出できることがある。そうなると立ち居振る舞いにも変化が現れ、「今度の仕事、任せてよ！」などと力強い言葉を発することもできる。ドンと胸を叩けばより効果的だ。心理学の世界ではこれを「ユニフォーム効果」と呼ぶ。もしも今日、どうしても契約を取りたい相手がいる時は、打ち合わせ場所に仕事着や

ユニフォームのままで行くのも手だ。

●心理的な距離が少しずつ縮まる"最初の一言"とは

　年配者同士の挨拶は、きまって天気の話から入ることが多い。誰にとっても共通した話題で、しかも話かけやすい。いきなり核心に触れたり、単刀直入な言い方をしても引かれてしまいかねないが、その点、この話し方は"スモールステップ"といわれるだけあって、相手との心理的な距離を少しずつ縮められる。ビジネスの場でも同じことがいえる。最初の挨拶は、「いつもお世話になっています。今日はいい天気ですね」がベストだ。

●自分勝手な人に提案するなら"相談口調"で切り出す

　少々古い表現だが、自分の意見が正しいと思って疑わない人のことを"ジコチュー"などと揶揄することがある。もちろん、このタイプはいまだに健在だが、彼らに新しいことを提案する時は、ストレートに意見をぶつけても即、却下されるのがオチだ。そこで、「そういえば、こういうやり方ってどうですか？」などと相談口調で切り出してみよう。案外、やすやすと耳を傾けてもらえるかもしれない。

「大人の心理図鑑」キーワードさくいん

【あ行】

意識	102
一貫性の原理	212
エス	134

【か行】

外向型	166
解離	140
記憶	116
気質	162
希少性の原理	34
帰属のエラー	80
キャラクター	164
ギャング・エイジ	180
群集心理	26
高次の欲求	125
五感	112
後光効果	36
コンフリクト	176
コンプレックス	132

【さ行】

錯誤行為	104
サブリミナル効果	114
自我	134
自己開示	32
自己呈示	33
社会的アイデンティティ	194
集団エゴイズム	197
集団間葛藤	198
集団極性化	218
集団思考	216
集団心理	192
塾知性の法則	20
準拠集団	214
情緒の発達	174
情動	146
初頭効果	62
シンクロニシティ	126
深層心理	100
心的葛藤	144
心理的拘泥現象	196
心理的リアクタンス	82
ステレオタイプ	76
性格	156,158,160
絶対評価	209
セルフ・ハンディキャッピング	172
選択的注意	130
相対評価	209
相補性	18

【た行】

対人認知	46
タイプA	168
単純接触効果	40
中年クライシス	210
超自我	134
ツァイガルニク効果	78
敵性の3側面モデル	201
ドア・イン・ザ・フェイス	68
他者への投影	86
同質の原理	72
同調	42
トラウマ	138

【な行】

内向型	166
2方向の分業	206
認知的不協和	142
認知のバイアス	48

【は行】

端数効果	74
パーソナリティ	164
パーソナルスペース	24
バランス理論	28
反動形成	128
ピグマリオン効果	64
ブブカの原理	208
フット・イン・ザ・ドア	66
フレーミング効果	84
プロセス・ロス	202
返報性の法則	32
傍観者効果	22
報酬効果	120
本能行動	118
ホーンズ効果	38

【ま・や・ら・わ行】

ミラーリング	30
無意識	102
メタ認知	136
モチベーション	200
モラトリアム	178
役割	170
ヤマアラシのジレンマ	88
夢の自己分析	106
抑圧	105
欲求	122
欲求不満	124
ライフサイクル理論	161
ラベリング理論	44
ランチョン・テクニック	70
リンゲルマン現象	204
類似性の法則	20
劣等コンプレックス	148
割れ窓現象	205

◆参考文献

『心理大図鑑』(キャサリン・コーリンほか、小須田健訳、池田健用語監修／三省堂)、『深層心理学（改訂版）』(織田尚生／放送大学教育振興会)、『「夢」の認知心理学』(岡田斉／勁草書房)、『図解でわかる心理学のすべて』(深堀元文編著／日本実業出版社)、『こころの科学セレクション　無意識の世界』(河合隼雄／日本評論社)、『心理学』(鹿取廣人、杉本敏夫、鳥居修晃編／東京大学出版会)、『筆跡性格学入門』(槇田仁／金子書房)、『内向型人間の時代』(スーザン・ケイン著、古草秀子訳／講談社)、『心理学－心のはたらきを知る－』(梅本堯夫、大山正、岡本浩一／サイエンス社)、『心理学の基礎』(糸魚川直祐、春木豊／有斐閣)、『面白いほどよくわかる！　心理学の本』(渋谷昌三／西東社)、『人間関係に活かす！　使うための心理学』(ポーポー・プロダクション／ＰＨＰ研究所)、『心理学・入門－心理学はこんなに面白い』(サトウタツヤ、渡邊芳之／有斐閣)、『【図解】心理学が見る見るわかる』(松田英子／サンマーク出版)、『図解でわかる心理マーケティング』(匠英一／日本能率協会マネジメントセンター)、『【図解】人の心を手玉に取れる心理操作』(内藤誼人／ＫＫベストセラーズ)、『心理学用語事典』(渋谷昌三／池田書店)、『仕事がうまくいく心理学ノート』(樺旦純／成美堂出版)、『自分がわかる909の質問』(サルバトーレ・Ｖ・ディダート Ph. D. 著／渡会圭子訳／宝島社)、『徹底図解社会心理学』(山岸俊男監修／新星出版社)、『よくわかる産業・組織心理学』(山口裕幸、金子篤子編／ミネルヴァ書房)、『フシギなくらい見えてくる！本当にわかる心理学』(植木理恵／日本実業出版社)、『グループ・ダイナミックス──集団と群衆の心理学』(釘原直樹／有斐閣)、『【図解】一瞬で人を操る心理法則』(内藤誼人／ＰＨＰ研究所)、『相手を自在に操るブラック心理術』(神岡真司／日本文芸社)、『第14版　ヒルガードの心理学』(エドワード・Ｅ・スミスほか著／内田一成監訳／ブレーン出版)、『感情心理学への招待──感情・情緒へのアプローチ──』(濱治世、鈴木直人、濱保久／サイエンス社)、『ステレオタイプの社会心理学──偏見の解消に向けて──』(上瀬由美子／サイエンス社)、『面白くてよくわかる！　ユング心理学』(福島哲夫／アスペクト)、『影響力の武器　実践編──「イエス」を引き出す50の秘訣』(Ｎ．Ｊ．ゴールドスタイン、Ｓ．Ｊ．マーティン、Ｒ．Ｂ．チャルディーニ著／安藤清志監訳／高橋紹子訳／誠信書房)、『影響力の招待──説得のカラクリを心理からあばく』(ロバート・Ｂ・チャルディーニ著／岩田佳代子訳／ＳＢクリエイティブ)、『今日から使える心理学』(渋谷昌三／ナツメ社)、『社会心理学』(池田謙一、唐沢穣、工藤恵理子、村本由紀子／有斐閣)、『クレッチマーの思想』(福屋武人／鍋田恭孝編／有斐閣)、『音楽療法──ことばを超えた対話』(レスリー・バント著／稲田雅美訳／ミネルヴァ書房)、『クーリエ・ジャポン』(2011.10、講談社)、ほか

＜ウェブサイト＞公益社団法人日本心理学会、日本経済新聞、日経サイエンス、デイリーメール、人口問題研究所、日本心臓財団、medicaldaily、マイナビウーマン、KEEP NETWORK PROJECT ほか

本書は、『他人の心理がよくわかる！「ココロ」の解剖図鑑』(2014／小社刊)、『ここ一番で「武器」になる！　秘密の心理学ノート』(2012／同)に新たな情報を加え、改題の上再編集したものです。

編者紹介

おもしろ心理学会
人間心理の謎と秘密を解き明かすことを目的に結成された研究グループ。不可思議な心のメカニズムを探るとともに、その研究成果を実生活に活かすため、日々努力を重ねている。
本書は、知っている人だけが得をする大人の心理図鑑。なぜあの人は、あの時、そう言ったのか。どうしてあんな表情を見せたのか……。正しくおさえれば、気持ちのゆとりが断然違うのはもちろん、次にとるべき「心理戦略」もくっきり見えてくる。手元にあれば必ず役立つ、心強い一冊！

誰にも知られたくない大人の心理図鑑

2017年12月5日　第1刷

編　者	おもしろ心理学会
発行者	小澤源太郎
責任編集	株式会社プライム涌光
	電話　編集部　03(3203)2850
発行所	株式会社青春出版社

東京都新宿区若松町12番1号〒162-0056
振替番号　00190-7-98602
電話　営業部　03(3207)1916

印刷・大日本印刷　製本・大口製本

万一、落丁、乱丁がありました節は、お取りかえします
ISBN978-4-413-11234-5 C0030
©Omoshiro Shinrigakkai 2017 Printed in Japan

本書の内容の一部あるいは全部を無断で複写(コピー)することは著作権法上認められている場合を除き、禁じられています。

110万部突破！大人の国語力シリーズ

読んだら忘れない
大人の国語力辞典

話題の達人倶楽部［編］

慣用句、カタカナ語、
モノの数え方、四字熟語、
語源、日本語の誤用……

「ことば」を知って
きちんと使えば、
心のモヤモヤ、
イライラから
自由になれる！

どこからでも楽しめる
一生モノの"読む国語辞典"

ISBN978-4-413-11182-9
本体1690円＋税

お願い　ページわりの関係からここでは一部の既刊本しか掲載してありません。折り込みの出版案内もご参考にご覧ください。

※上記は本体価格です。（消費税が別途加算されます）
※書名コード（ISBN）は、書店へのご注文にご利用ください。書店にない場合、電話またはFax（書名・冊数・氏名・住所・電話番号を明記）でもご注文いただけます（代金引換宅急便）。商品到着時に定価＋手数料をお支払いください。〔直販係　電話03-3203-5121　Fax03-3207-0982〕
※青春出版社のホームページでも、オンラインで書籍をお買い求めいただけます。ぜひご利用ください。〔http://www.seishun.co.jp/〕